グローバル化する
戦後補償裁判

奥田安弘・山口二郎 編

信 山 社

は　し　が　き

　日本とアジア諸国との間に横たわる壁、戦後補償が裁判で争われるようになって久しい。その戦後補償裁判が今、大きな転換点を迎えている。アメリカでの多数の訴訟、その結果としてのドイツの基金設立、日本における劉連仁判決（2000万円の賠償命令）、さまざまな戦後補償立法の提案、国際刑事裁判所の設立、民事賠償への期待など、新しい動きがみられる。

　これに対して、わが国の政治の場では、ナショナリズムの側からの巻き返しが起きている。すなわち、1990年代の前半は、非自民連立の細川政権が誕生し、わが国の首相が初めて先の戦争を「侵略戦争」であったと明言した。続いて、自民・社会連立の村山政権が誕生し、元慰安婦を救済するために、アジア女性基金が設立された。これらの動きも、アジアの人々を納得させるには十分ではなかったが、現在では、保守的な政権が続くようになり、戦後補償や謝罪の要求に対しては、むしろ反発の声が高まっている。それは、昨今の教科書問題や靖国問題などをみれば分かるであろう。

　この状況において、日本の戦争責任は、どのように理解されて、どのような形で果たしていくべきであるのか、その際に、現在も続いている多数の裁判は、どのような役割を果たすことができるのかという問題意識から、2001年10月、「戦後補償裁判の過去・現在・未来」というシンポジウムを開催した。本書は、その報告と討論を記録したものである。

　このシンポジウムは、北海道大学大学院法学研究科に付属する

グローバル化する戦後補償裁判

「高等法政教育研究センター」の主催で開催された。同センターは、高度な先端領域での斬新な共同研究や実務・地域社会との連携を図るため、2000年4月から発足したが、そのさまざまな活動のうち、公開シンポジウムは、数多く開催されてきた。戦後補償に関連するものとしては、すでに金子勝・慶応義塾大学教授と高橋哲哉・東京大学助教授を招いて開催したシンポジウムがあり、その記録は、「グローバリゼーションと戦争責任」（岩波ブックレット）として出版されている。

今回の「戦後補償裁判の過去・現在・未来」というテーマのシンポジウムと本書は、その続編とも言うべきものである。本書を読んで頂ければ、それが法律学と政治学の融合を目指したものであることがお分かりになるであろう。報告者は、法律の研究者であるが、形式的な法解釈論の枠内にとどまらず、きわめてプラクティカルに戦後補償問題の解決方法を考えた。またコメンテーターは、政治学・歴史学の研究者と弁護士であるが、法的な枠組みを意識しながら、今後の方向性を議論した。本書は、戦後補償問題について、新しい視点と展望を与えるものと自負している。

最後になったが、シンポジウムの開催にあたり、裏方の仕事を手伝って下さった助手や大学院生の皆さん、センター事務局の田中みどりさん、さらに聴衆としてお越し下さった多数の皆さんに御礼申し上げたい。また本書の出版を快く引き受けて下さった信山社の袖山貴さんに御礼申し上げたい。

2002年4月

奥田安弘　山口二郎

目　次

はしがき

第1章　なぜアメリカで裁判をするのか？ ……………*3*
　　　　──米国における戦後補償裁判──
　　　　　　　　　〔ケント・アンダーソン〕

第2章　日本政府の優位は崩せるのか？ ………………*27*
　　　　──日本における戦後補償裁判──
　　　　　　　　　〔奥 田 安 弘〕

第3章　将来の戦後補償裁判は大丈夫か？ ……………*55*
　　　　──国際刑事裁判所への提訴の可能性──
　　　　　　　　　〔古 谷 修 一〕

第4章　討　論 ……………………………………………*77*
　　　　　　　　　司会〔山 口 二 郎〕

参加者紹介

(発言順©2002)

ケント・アンダーソン〔第1章報告者〕
　　北海道大学大学院法学研究科助教授（比較法）
　　現在、オーストラリア国立大学法学部助教授

奥田安弘（おくだ やすひろ）〔第2章報告者〕
　　北海道大学大学院法学研究科教授（国際私法）

古谷修一（ふるや しゅういち）〔第3章報告者〕
　　香川大学法学部教授（国際法）

山口二郎（やまぐち じろう）〔司会、コメンテーター〕
　　北海道大学大学院法学研究科教授（行政学）

高崎　暢（たかさき とおる）〔コメンテーター〕
　　弁護士、北海道強制連行訴訟弁護団副団長

川島　真（かわしま しん）〔コメンテーター〕
　　北海道大学大学院法学研究科助教授（中国外交史）

小森光夫（こもり てるお）〔フロアーからの発言〕
　　北海道大学大学院法学研究科教授（国際法）

中川　明（なかがわ あきら）〔フロアーからの発言〕
　　北海道大学大学院法学研究科教授（教育法）
　　現在、弁護士

寺谷広司（てらや こうじ）〔フロアーからの発言〕
　　北海道大学大学院法学研究科助教授（国際法）

グローバル化する戦後補償裁判

第1章　なぜアメリカで裁判をするのか？
　　　　──米国における戦後補償裁判──

　　　　　　　　　　　　　　　　ケント・アンダーソン

は じ め に

　私は、現在は、北大で比較法を担当していますが、間もなくオーストラリア国立大学に移るので、今日のシンポジウムがたぶん北大における最後の仕事になると思います。
　アメリカはよく「訴訟社会」と言われているので、戦後補償の裁判がアメリカで行われているのは、驚く事ではないかもしれません。しかし、アメリカのほとんどの戦後補償裁判は、原告も被告もアメリカ人ではないのに、なぜ当事者がわざわざアメリカまで行くのか、なぜアメリカの裁判所は、その問題を裁くために時間や労力をかけることを許すのか、という疑問が起きるのは当然です。本報告では、アメリカの戦後補償裁判を理解するために、最初にこのような問題から取り上げたいと思います。
　次に、アメリカで戦後補償問題といえば、対ヨーロッパ関係の訴訟と対アジア関係の訴訟の両方が含まれますが、事実関係やその背景はかなり異なっています。本報告では、対アジア訴訟、つまり日本企業に対する訴訟を中心に取り上げますが、比較のために、対ヨーロッパ関係の訴訟も紹介しながら考えたいと思います。

グローバル化する戦後補償裁判

1 なぜアメリカで戦後補償を裁くのか？

　戦後補償裁判がアメリカで行われる理由は、主に2つあります。第1は、この訴訟の原告となっている人たちは、戦争中に身体的あるいは財産的な損害を受けたにもかかわらず、戦後、自分の国や相手の国から損害賠償を十分に受け取っていない、と感じていることです。このような人たちにとっては、第三国であるアメリカでの裁判が自分の国や相手国での裁判の代わりとなるでしょう。

　それが第2の理由を導いています。アメリカは、英米法系の国として、裁判管轄を広く認めているので、おおむね被告がアメリカにいれば、訴えを起こせます[1]。被告が企業である場合は、その企業自体または子会社がアメリカでビジネス活動を行っていれば、原則として裁判できると考えてよいでしょう。しかし、1つ大事なポイントは、裁判ができるというのは、勝訴できるという意味ではないことです。それにもかかわらず、管轄があれば訴訟が始まるので、民事訴訟法にもとづき、原告には様々な権利が与えられ、被告の側は、欠席判決で敗訴になりたくなければ、様々な義務を負うことになります。

---

[1] アメリカの「管轄権」概念は、非常に複雑であり、戦後補償裁判では、多数の微妙な問題が生じる。Kent Anderson, Issues of Private International Law and Civil Procedure Arising Out of the U.S. Civil Suits for Forced Labor During WWII: To What Extent Do U.S. Conflict and Procedural Rules Obstruct Private Liability for Wartime Human Rights Violations?, 2001 Y.B. PRIVATE INT'L L., Vol.3, p.144-156.

第1章 なぜアメリカで裁判をするのか？

これらの主たる理由以外にも、アメリカでの裁判には、幾つかの特典があります。たとえば、実務的な面では、ほとんどの大企業がアメリカでビジネス活動を行っているので、おおむね裁判所は管轄を認めるでしょう。もう1つの特典は、アメリカの弁護士制度では、原告が報酬など払えなくても、弁護士を雇えることです。アメリカの成功報酬制度では、弁護士が勝ったら、たくさん儲かるので、原告になれる戦争被害者をホームページなどで募集しています[2]。

最後に、世界の中でアメリカは、裁判の原告にとって極めて有利な国だということです。たとえば、アメリカは民事裁判でも陪審員制度を使っており、一般に陪審員は裁判官より原告に同情的です。またアメリカの不法行為法は、時として懲罰的損害賠償を認めるので、賠償額が莫大なものになることがあります。さらにアメリカの民事訴訟法では、クラスアクションが認められているので、大勢の原告が少ない費用で企業などを訴えることができます。

以上のような理由から、アメリカで訴訟をすることが、原告にとって魅力的であるため、1990年代の後半から戦後補償裁判が始まり、その数が増えたわけです[3]。

---

(2) Fagan & D'Avino, Japanese World War II Litigation, at http://www.japanesewwiiclaims.com (last visited 1 Feb. 2001). このホームページでは、カリフォルニア、フィラデルフィア、ハワイ、ニューヨーク、ドイツ、オーストラリアの6つの法律事務所が太平洋戦争の被害者を募集し、インターネットによって調査や裁判を依頼できるようになっている。

(3) たとえば、ドイツ企業に対する訴訟は65件以上あり、日本企業に対する訴訟は30件以上ある。Annex C-D, Agreement between the Government of the United States of America and the Government of the Federal Republic of Germany Concern-

2 従来の経緯

(1) 一般的背景
　——1945年から1990年代まで——

　戦争は1945年で終わりましたが、賠償問題は、平和条約が締結されるまで解決されませんでした。日本の場合、サンフランシスコ平和条約14条a項は、政府間レベルで全体的な賠償だけを定めており、個人の賠償に関する直接の規定を定めていませんでした。しかし、14条b項は、包括的な請求権放棄を規定していました[4]。したがって、条約の文言の一般的な意味によれば、この条約を批准した48ヵ国[5]およびその国の国民に対し、日本の政府や企業は、

---

　　ing the Foundation "Remembrance, Responsibility and the Future," July 17, 2000, at http://www.usembassy.de/policy/holocaust/agreement.htm; Bazyler & Saxa-Kaneko, WWII-Era Lawsuits Against the Japanese in U. S. Courts, available at http://www.law.whittier.edu/sypo/final (last visited 15 Feb. 2001).

(4) その規定によると、「この条約に別段の定がある場合を除き、連合国は、連合国のすべての賠償請求権、戦争の遂行中に日本国及びその国民がとった行動から生じた連合国及びその国民の他の請求権並びに占領の直接軍事費に関する連合国の請求権を放棄する」とされている。

(5) 48ヵ国とは、アメリカ、アルゼンチン、イギリス、イラク、イラン、インドネシア、ウルグアイ、エクアドル、エジプト、エチオピア、エルサルバドル、オーストラリア、オランダ、グアテマラ、カナダ、カンボジア、キューバ、ギリシャ、コスタリカ、コロンビア、サウジアラビア、シリア、セイロン、チリ、ドミニ

第1章　なぜアメリカで裁判をするのか？

賠償責任がないように思われます。

　一方、アメリカと一部の連合国は、自国の領域内に残っていた日本の政府や個人の財産を没収し[6]、これを換金することによって、元捕虜の人たちに賠償金を支払いましたが、極めて少額でした[7]。さらに前述の14条b項の免責条項は、条約の当事国ではなかった中国や韓国などの国およびその国民には適用されませんでした。

カ共和国、トルコ、ニカラグア、ニュージーランド、ノルウェー、ハイチ、パキスタン、パナマ、パラグアイ、フィリピン、ブラジル、フランス、ベトナム、ベネズエラ、ペルー、ベルギー、ボリビア、ホンジュラス、南アフリカ、メキシコ、ラオス、リベリア、ルクセンブルグ、レバノンである。

(6)　サンフランシスコ平和条約14条a項2(I)によれば、「各連合国は、次に掲げるもののすべての財産、権利及び利益でこの条約の最初の効力発生の時にその管轄の下にあるものを差し押え、留置し、清算し、その他何らかの方法で処分する権利を有する。(a) 日本国及び日本国民、(b) 日本国又は日本国民の代理者又は代行者並びに、(c) 日本国又は日本国民が所有し、又は支配した団体」。この条項により、連合国は40億ドルの財産を清算し受け取った。Former U.S. World War II POWs: A Struggle for Justice: Hearing before the Comm. on Judiciary of U.S. Senate, 106th Cong. 585, at 50.

(7)　たとえば、アメリカは、被害者への支払のために、War Claims Act of 1948, 50 U.S.C. app. §§2001-2016. という法律を制定したが、この法律による賠償額は、1無食事日につき1ドル、1無賃金日につき1.5ドルであり、1人あたりの平均賠償額は3,103.50ドルであった。もっとも、アメリカ国務省は、2000年の米ドル換算で平均賠償額は20,646ドルであったと証言している。Sean D. Murphy, Contemporary Practice of the United States Relating to International Law, 95 AM. J. INT'L L. 132, 142 (2001).

グローバル化する戦後補償裁判

　このような状況のもとで、1951年から1999年までの間に、日本の企業に対する戦争賠償訴訟は、1件だけアメリカで行われたようですが、地方裁判所も控訴裁判所も、前述の14条b項の免責条項を理由として、あっさりと請求を棄却しました[8]。

　(2)　対ヨーロッパ関係の訴訟
　　　——1996年から2001年まで——

　日本と異なり、ドイツの場合は、深刻な米ソの冷戦に巻き込まれたので、迅速に平和条約を締結することができませんでした。そのため、ずっと中途半端な状況が続き、やっと条約ができたのは、1990年のドイツ再統合の時でした。

　それと同時に、様々な国の戦時中の記録が公表され、それによって重要な事実が明らかになりました。たとえば、ナチの時代にドイツ、オーストリア、スイスなどの多くの金融機関がユダヤ人などの所有する財産や銀行通帳、保険証券、美術品などを預かりましたが、戦後、請求があったにもかかわらず、正確な文書がないことを理由として、返還を拒否していました。これらのユダヤ人および相続人は、もちろんヨーロッパでも裁判をしましたが、多くの人が戦後アメリカに移住していたので、1996年から、いわゆるホロコースト

---

(8)　Aldrich v. Mitsui & Co., No. 87912 Civ. J12, (M. D. Fla., Jan. 28, 1988); Fenner, Prisoner of War's Case Is on Appeal, ST. PETERSBURG [Florida] TIMES, Apr. 12, 1988, at 2. ちなみに、アメリカは、劣悪な待遇で強制労働をさせた日米二重国籍者に対し、死刑判決を下したことがある。しかし、これは、アメリカに対する反逆罪を理由とするものであった。Kitakawa v. U. S., 343 U. S. 717, 721 (1952).

第1章　なぜアメリカで裁判をするのか？

訴訟がアメリカで始まりました。この財産中心の訴訟が続くなかで、さらにナチの時代にドイツやオーストリアなどの企業のために、奴隷労働・強制労働をさせられた人たちの賠償請求訴訟に発展したのです。

アメリカのこれらのホロコースト訴訟では、2つの重要な出来事がありました。第1は、アメリカの裁判所がこれらの訴訟を簡単に却下しなかったことです。きちんと被告の手続法上の抗弁を審理した幾つかの連邦裁判所は、最終的には様々な理由で訴えを却下しましたが、その決定をするまでに、1年以上かかりました。また、その他の連邦裁判所は、わざと判決を遅らせ、積極的に和解を勧告しました[9]。

訴えを却下した判決は、被告の抗弁をすぐに審理すれば、原告が負ける可能性が高かったことを暗示しますが、その引き延ばし工作は非常に効果的なPRとなり、また政治的なロビー活動もあって、原告に有利な和解に向けた政治的および世論的なプレッシャーは、確実に高まったはずです[10]。たとえば、ニューヨーク州の銀行庁長官や保険庁長官は、被告の銀行や保険会社がすべての戦争中の記録を公表しなければ、営業許可を取り消す、というような脅迫をしました[11]。また16の州および連邦議会も、ホロコーストの被害者

---

[9] このような引き伸ばし工作は、政治的な判断があったと思われるが、筆者は反対である。Anderson, supra note 1, at 179.

[10] Companies and the Holocaust, Industrial Actions, ECONOMIST, Nov. 14, 1998, at 7 ; Neal Sandler, The Vise Tightens on Swiss Banks, BUSINESS WEEK, Jan. 20, 1997, at 51.

[11] Joan Warner, Raging at the Swiss, BUSINESS WEEK, May 26, 1997, at 138 ; Swiss Bank Boycott, MACLEAN'S, Jul. 13, 1998, at 41.

のために同じような趣旨の法律を制定しました[12]。

　それに関連して、第2の重要な出来事は、このような状況のもとで、被告が原告に莫大な賠償金を払って和解を始めたことです。1998年には、スイスの複数の銀行が12億5,000万ドルで和解し[13]、1999年には、やはりオーストリアの複数の銀行も和解しました[14]。

　こうしたことを背景として、1998年にドイツのシュレーダー首相は、包括的な和解を提案し、ホロコースト訴訟の原告、被告のドイツ企業、さらにはアメリカやイスラエルなどの関係国、様々なNGOなどと交渉を開始しました。その結果、ドイツの政府および企業がそれぞれ50億マルクずつ合計100億マルクを寄付して、被害者のための基金を設立し、原告がアメリカの訴訟をやめることで合意が成立しました[15]。また、それをモデルとして、2001年1月、オーストリアの政府および企業も、包括的な和解をしました[16]。

---

[12] M. Bazyler, Nuremberg in America : Litigating the Holocaust in United States Courts, 34 U. RICHMOND L. REV. 2000, App. A. それによれば、カリフォルニア、フロリダ、ニュージャージー、ニューヨーク、ワシントンは、保険などに関する州法を制定し、ジョージア、イリノイ、インディアナ、メリーランド、マサチューセッツ、ミシガン、ミネソタ、ミズーリ、ペンシルバニア、ウィスコンシンの各州は、ホロコースト賠償として銀行や保険会社から受け取った金銭について免税する旨の州法を制定した。なお、ホロコースト訴訟に関連する連邦法も掲載されている。

[13] In re Holocaust Victim Assets Litigation, 105 F. Supp. 2d 139, 141 (E. D. N. Y. 2000).

[14] D'Amato v. Deutsche Bank, 2001 U. S. App. LEXIS 78 (2d Cir. Jan. 4, 2001).

[15] Agreement between the Government of the United States of America and the Government of the Federal Republic of Ger-

第1章　なぜアメリカで裁判をするのか？

〔**ナチス強制労働で補償金**——5300億円拠出へ財団発足〕
ナチス統治下のドイツ企業で強制労働をさせられた人々を補償するため、ドイツ政府と経済界が計100億マルク（約5300億円）を拠出する財団「記憶・責任・未来」は17日、ベルリンで周辺国や被害者団体が設立に合意する関係文書に調印したことで、正式に発足した。当時、強制労働をさせられた約800万人のうち、現在生存している人は周辺国などに100万人以上といわれ、年内にも補償金を受け取ることができる。（中略）

　ドイツ経済界が補償に応じたのは、（米国で）被害者からの集団訴訟が相次いだためだ。経済界はこの補償基金の発足により最終解決したいとの意識が強く、新たな補償要求についての法的保証を求めたため、この日、米独が政府間協定を結んだ。新財団についてはドイツの国内法が先週成立している。

〔2000年7月18日付け朝日新聞朝刊〕

---

many Concerning the Foundation "Remembrance, Responsibility and the Future," July 17, 2000, at http://www.usembassy.de/policy/holocaust/agreement.htm. 2001年の夏には、基金から最初の賠償金が被害者に支払われた。

(16) Agreement between the Government of the United States of America and the Austrian Federal Government Concerning the Austrian Fund "Reconciliation, Peace and Cooperation," Jan. 17, 2001, at http://www.usembassy-vienna.at/rest_usfinal.html. 同じ頃、フランスの政府および銀行も1億ユーロおよび2,250万ドルで和解したが、これは、すべてのフランス企業を対象とするものではなかった。Agreement between the Government of the United States of America and the Government of France Concerning Payments for Certain Losses Suffered During World War II, Jan. 18, 2001, at http://www.civs.gouv.fr/uk/information/washington01.htm.

11

これによって、対ヨーロッパの戦後補償裁判は、アメリカでは完全に終了しました[17]。

3 対アジア関係の訴訟

(1) 訴訟の背景

前述のように、ホロコースト訴訟に関連して、様々な州が原告のために銀行・保険に関する法律を制定しましたが、カリフォルニア州は、さらに1999年、戦争中の奴隷・強制労働者のための法律も制定しました[18]。以下では、それを「カリフォルニア強制労働法」と呼びます。

この法律によると、奴隷労働・強制労働の被害者は、「直接または子会社・関連会社を介して、かかる労働をさせた法人またはその

---

[17] ただし、2001年9月の時点で、対ヨーロッパ訴訟のうち、スイス・イタリア・フランスの保険会社に対する訴訟は、まったく和解していなかったようである。Winters v. Assicurazioni Generali S. p. A., 2000 U. S. Dist. LEXIS 18193 (S. D. N. Y. Dec. 19, 2000). それにもかかわらず、1998年には、これらの国の4大保険会社がホロコースト被害者に賠償金を支払うための基金を成立している。The International Commission on Holocaust Era Insurance Claims, at http://www.icheic.org/.

[18] 連邦下院やロードアイランド州議会でも、カリフォルニア強制労働法と同様の法案が提出されたが、どちらも成立しなかった。H. R. 3254, 106th Cong. (Nov. 8, 1999), status and bill text available at http://thomas.loc.gov; S. B. 2026, 2000 Sess. (R. I. 2000), status and bill text available at http://www.state.ri.us/00SESSION/bills/00-2026.htm.

第 1 章　なぜアメリカで裁判をするのか？

承継会社に対し」、損害賠償を求める訴えを提起することができるとされています。また、この法律にもとづく出訴期間は、2010 年末まで延長されています。

この法律を制定した時、カリフォルニア州の議員たちは、対ヨーロッパ関係の訴訟しか念頭に置いていなかったようです。現に、この法律でいう「第 2 次大戦の奴隷労働被害者」とは、「ナチ政府または同盟者および同調者」のために労働した人と定義されており、また出訴期間は、1990 年のドイツとの平和条約締結から時効を起算したドイツの判例に基づいていました[19]。しかし、この法律は、意図的に非常に広くあいまいな書き方をしていたので、オーストリアやスイスなどの企業、さらには日本の企業も、「同盟者および同調者」として訴えられる可能性を秘めていました。

ちょうどカリフォルニア強制労働法が制定された頃、様々な理由から、アメリカでは、アジアの戦後補償問題に対する関心が高まっていました。ミクロ的に見れば、1 つの原因は、ホロコースト訴訟の提起やその和解の成功であり、まだ損害賠償をもらっていないアジア人被害者や、対ヨーロッパ関係の訴訟で和解に成功した弁護士などは、これを真似て日本企業に対する訴訟も提起できると考えたのでしょう。

---

[19] Cal. Senate Rules Committee Report on S. B. 1245, 1999–2000 Sess. (Cal. 1999), available at http://www.leginfo.ca.gov/pub/99-00/bill/sen/sb-1201-1250/sb-1245-cfa-19990526-154116-sen-floor.htm. これに対して、アメリカの連邦裁判所は、対ヨーロッパ訴訟において、加害行為の時から出訴期間を起算しており、この点でカリフォルニア州議会とは見解が異なる。Iwanowa v. Ford Motor Co., 67 F. Supp. 2d 424, 465–66 (D. N. J. 1999).

グローバル化する戦後補償裁判

　マクロ的な観点からは、2つの関連する重要な出来事があります。これによって一般市民は、さらに第2次大戦の虐待などの事件に対して関心を抱くようになりました。
　1つは、1999年にアメリカの中国系記者、アイリス・チャンが書いた『南京の強姦』という本が話題になり[20]、マスコミが第2次大戦の虐待に関する記事を増やしたことです[21]。もう1つは、アジアに関する政治的な運動が始まったことです。第2次大戦のアジア人被害者は、以前はユダヤ人などのヨーロッパ人被害者ほど政治的に組織化されていませんでしたが、1990年代から、少しずつロビー機関などができて、発言力を高めていました[22]。たとえば、州レベルでは、そのおかげでカリフォルニア州議会が日本に対し、

---

[20] IRIS CHANG, THE RAPE OF NANJING : THE FORGOTTEN HOLOCAUST OF WORLD WAR II (1998). アメリカでは、この本の事実の調査方法をめぐって激しい論争になった。David M. Kennedy, The Horror, 281 ATLANTIC MONTHLY, Apr. 1998, at 110 ; Charles Burress, Wars of Memories, S. F. CHRONICLE, Jul. 26, 1998 ; Andrew E. Barshay, The Rape of Nanking, N. Y. TIMES, Jan. 4, 1998, at 7-23. 日本では、残念ながら、原著者と日本の出版社の間で、編集および翻訳について合意が成立しなかったので、まだ日本語訳が出ていないようである。Editorial, Japan and Its Past, CHRISTIAN SCIENCE MONITOR, May 24, 1999, at 8.

[21] たとえば、Teresa Watanabe, Japan's War Victims in New Battle, L. A. TIMES, Aug. 16, 1999, at A1 ; Sonni Efron, War Again Is Raging over Japan's Role in Nanking, L. A. TIMES, Jun. 6, 1999, at A-32 など参照。

[22] James Dao, 'Nanking' Book Heralds Political Awakening of Asian-Americans, STAR TRIBUNE (Minneapolis), May 21, 1998, at 4E.

第1章 なぜアメリカで裁判をするのか？

戦争の謝罪および賠償を求める決議を採択しました[23]。

これらのアジア勢力の動きのほかにも、関連する出来事がアメリカ国内でありましたが、これは逆の方向に作用するものでした。1995年の第2次大戦の終戦記念日50周年をきっかけとして、再び戦争の被害がマスコミの話題となり、日本で捕虜となった人たちの話が浮上しました。それによると、これらの人々は特に、戦争中に劣悪な待遇で強制労働をさせながら、経済的に大きな成功を収めた日本の企業に対し、現在も不満を持ち続けています。

これらの人々の要求は、そのグループが伝統的に影響力をもつ政府のレベルだけでなく、国民のレベルでも支持されました[24]。そこで、連邦上院の司法委員会は、労働賠償を請求している元米軍捕虜のために、公聴会を開きました。しかし、アメリカ政府は、元捕虜の日本の政府や企業に対する賠償請求を支持せず、1952年の平和条約を遵守する義務があるという立場を表明しました[25]。

このようにアメリカ国内では、元捕虜の請求について、良い出来

---

[23] A. J. R. 27, 1999-2000 Sess. (Cal. 1999). これは、マイク・ホンダ議員（現・連邦下院議員）の提案によるものである。

[24] 当時、元捕虜の話および市民の反応を取り上げて、人気を博したテレビ番組があった。Dateline NBC: A Soldier's Story (NBC television broadcast, Jun. 5, 2000), transcript available at http://msnbc.com/news/415013.asp?cp1=1.

[25] Former U. S. World War II POWs: A Struggle for Justice: Hearing before the Comm. on Judiciary of U. S. Senate, 106th Cong. 585 (Jun. 28, 2000), at 8, 9, 10におけるDavid W. Ogden (Assistant Attorney General, Civil Division, U. S. Department of Justice)およびRonald J. Bettauer (Deputy Legal Advisor, U. S. Department of State)の証言参照。

事も悪い出来事もありましたが、このような状況のもとで、1999年の春、日本企業に対して最初のアメリカにおける戦後補償訴訟が提起されたのです(26)。

(2) 日本企業に対する訴訟と判決

最初の提訴から1年後に、日本企業に対して、さらに何10件もの個人ないしクラスアクションによる強制労働訴訟が提起されました(27)。ほとんどの訴訟は、カリフォルニア強制労働法を援用し、カリフォルニア州裁判所に申し立てられましたが、被告側は、中立的といわれる連邦地方裁判所への移送を申し立てました。そして、韓国人原告による1つの訴訟だけは、カリフォルニア州の裁判所に

---

(26) Levenberg v. Nippon Sharyo Ltd., No. 3 : 99-1554 (N. D. Cal. Filed Mar. 31, 1999) は、1988 年の Aldrich v. Mitsui & Co., supra note 8 以来の日本企業に対する戦後補償訴訟であった。

(27) 2000 年末に、18 件の連邦訴訟および 14 件の州訴訟が提起された。Bazyler & Saxa-Kaneko, WWII-Era Lawsuits Against the Japanese in U. S. Courts, available at http : //www.law.whittier.edu/sypo/final (last visited 15 Feb. 2001). これらの訴訟は、すべて強制労働に関するものであり、財産および「奴隷労働」に関するものではなかった。これとは別に、「慰安婦」に関する訴訟が1つあるが、それは日本政府に対するものであった。Hwang v. Japan, No. 1 : 00CV02233 (D. C. Fed. filed Sep. 18, 2000) ; Barry A. Fisher & Iris Chang, Japan Is Shuttering Its Past, HONOLULU ADVERTISER, Aug. 1, 2001. このような訴訟は、従来、外国国家の主権免除の理論などにもとづき、裁判所の管轄が否定されてきた。Princz v. Federal Republic of Germany, 26 F. 3d 1166, 1176 (D. C. Cir. 1994) ; Wolf v. Federal Republic of Germany, 95 F. 3d 536, 544 (7th Cir. 1996). したがって、論点が異なるので、本報告の対象から外すことにした。

第1章 なぜアメリカで裁判をするのか？

係属したままになりましたが、残りの訴訟は、連邦地方裁判所によって、すべて1つの事件として併合されました[28]。

このケースの原告は2種類でした。1つは連合国の元捕虜たちであり、もう1つはアジアの強制労働の被害者でした。被告は、彼らに強制的に労働をさせた日本の商社や鉱山の大企業でした[29]。本案に入る前に、被告は幾つかの手続法にもとづく抗弁を行いました。連邦地方裁判所は、対ヨーロッパ関係の訴訟を審理した裁判所と大きく異なり、2000年8月には、これらの抗弁をきちんと審理し、連合国の元捕虜については、1ヵ月後に判決を下しました[30]。

裁判所は、1つの重要なポイントで判断しました。それは、サンフランシスコ平和条約の解釈でした。すなわち、判決によると、条約の解釈は全く困難ではなく、条約を起草し批准した際の資料によれば、14条b項によって、連合国は、その国民が有していたすべての日本国、日本人、日本企業に対する請求を放棄した、というのです。また裁判所は、1981年の最高裁判決を引用して[31]、連合国がその国民の戦争による賠償請求権を放棄することは憲法上許されない、という原告側の反論も退けました。したがって、アメリカな

---

[28] In re World War II Era Japanese Forced Labor Litigation, 114 F. Supp. 2d 939, 942 (N. D. Cal. 2000). 以下では、これを "In re WWII Era Japanese I" として引用する。

[29] Jeong v. Onoda Cememt Co., Ltd., 2000 U. S. Dist. LEXIS 7985 (C. D. Cal. May 18, 2000). ただし、カリフォルニア強制労働法は、「承継会社」や「子会社・関連会社」にも適用されるので、戦争の時まだ設立されていなかった会社や、その後合併されたアメリカの会社なども訴えられた。

[30] In re WWII Era Japanese I, 114 F. Supp. 2d at 939.

[31] Dames & Moore v. Regan, 453 U. S. 654, 679-80 (1981).

17

どの連合国の元捕虜たちは、完全に敗訴しましたが、その後、控訴しています。

その2000年の判決は、連合国の元捕虜たちだけを対象としていたので、韓国人や中国人などの訴訟はまだ続いていました。しかし、本案に入る前に、原告は、まだサンフランシスコ平和条約以外に残っていた、被告の民事訴訟法上の抗弁を乗り越えなければなりませんでした。そして、先月（2001年9月）、これらの訴訟に関する判決が下されました。

実際には、2つの判決が同時に出されましたが[32]、大事なのは、韓国人および中国人原告の訴訟について、被告側の抗弁を認めた判決です[33]。連邦裁判所は、カリフォルニア強制労働法がアメリカの外交に影響を及ぼすので、憲法による連法制度の侵害となり違憲だと判決しました[34]。その結果、カリフォルニア強制労働法は無効となるので、出訴期間は延長されません。そして、平和条約の締結や加害行為自体が50年以上前の出来事ですから、不法行為法などにもとづく多数の主張も通らないことになりました[35]。

---

[32] もう1つは、フィリピン人原告の訴訟について、サンフランシスコ平和条約にもとづく抗弁を認めた判決である。In re WWII Era Japanese Forced Labor Litigation (Order No. 9), 2001 U.S. Dist. LEXIS 14641 (N.D. Cal. Sep. 17, 2001). 以下では、これを "In re WWII Era Japanese II" として引用する。

[33] In re WWII Era Japanese Forced Labor Litigation (Order No. 10), 2001 U.S. Dist. LEXIS 14640 (N.D. Cal. Sep. 17, 2001). 以下では、これを "In re WWII Era Japanese III" として引用する。

[34] In re WWII Era Japanese III, 2001 U.S. Dist. LEXIS 14640, at *22-*53.

実は、この判決の3日前に、カリフォルニア州裁判所は、韓国人原告の訴訟について、サンフランシスコ平和条約にもとづく被告の抗弁を却下して、本案に入るという決定を下しておりました[36]。この決定は、カリフォルニア強制労働法の合憲性の問題をわざと取り上げなかったようですが、連邦裁判所の判決は、カリフォルニアの訴訟に決定的な影響を及ぼすことになるでしょう[37]。

したがって、対アジア関係の訴訟も実質的に終わったようですが、これらの訴訟は控訴されているので、今後の動向に注目したいと思います。

4 なぜ対ヨーロッパ訴訟の結果と異なるのか？

(1) 法律的な理由

事案だけを見れば、ヨーロッパ関係の訴訟とアジア関係の訴訟は、それほど違いません。そうであれば、なぜドイツ企業に対する訴訟が何億円もの和解で終了したのに、日本企業に対する訴訟は、ほとんど敗訴で終わったのでしょうか。

法律的に見れば、この結果の差異は、平和条約の違いから来ます。

---

[35] In re WWII Era Japanese III, 2001 U. S. Dist. LEXIS 14640, at *59-*69.

[36] Jeong v. Onoda Cement, Co. Ltd., Case No. BC 217805 (L. A. Sup. Ct., Sep. 14, 2001), available at http://www.lieffcabraser.com/pdf/OrderJSL.pdf. 以下では、これを"Jeong II"として引用する。

[37] Jeong II, supra note 36, at 4 n. 3.

グローバル化する戦後補償裁判

　日本の場合は、50年以上前に1回で条約が結ばれ、免責条項の文言や起草者の意図がわりと明瞭だったので、裁判所はあっさり連合国国民の原告の請求を否定することができました。

　それと異なり、ドイツとの平和条約は、幾つかの中間条約も含め、ドイツ再統合条約まで締結されませんでした。したがって、法律的に「戦争賠償」という文言に何を含めているのかという点がより複雑であいまいさがあり、裁判所がそれを解決するには時間がかかりました。

　たしかに、ドイツの免責条項を解釈した2つの連邦裁判所は、最終的には、日本との平和条約の場合と同じように、個人請求権を放棄したものと判断しました[38]。しかし、裁判所は、紛争処理の過程で、より広く和解の道を開きました。また、その間に被告企業が、激しい世論や政治のプレッシャーにさらされ、そのプレッシャーが和解の重要な理由になったと思われます。

　さらに、平和条約の時間的な差異が出訴期間に影響を及ぼしました。ドイツとの条約は1990年まで締結されなかったので、アメリカの裁判所もドイツの裁判所も、ヨーロッパ関係の請求権が21世紀まで延長されたと判断しました[39]。これに対して、日本との条約は1952年に締結されたので、連合国の原告の請求は、出訴期間により遮断されました。

　要するに、ドイツとの条約は複雑で締結が遅かったために、ヨーロッパ関係の訴訟の原告は、かなり前に明瞭な文言で規定されたサンフランシスコ平和条約のもとで訴訟をしたアジア関係の原告より

---

[38]　Iwanowa, 67 F. Supp. 2d at 455 ; Burger-Fischer v. Degussa AG, 65 F. Supp. 2d 248, 279 (D. N. J. 1999).

[39]　Iwanowa, 67 F. Supp. 2d at 465-66.

第1章　なぜアメリカで裁判をするのか？

も、法律的に有利な立場に置かれたのです。

(2)　政治的な理由など

　法律的な理由だけを見れば、アジアとヨーロッパの訴訟の処理には、大きな違いがあるわけではないでしょう。しかし、結果に差が生じたのは、政治的な要因など、その他の面で様々な違いがあったからだと思われます。

　第1に、ヨーロッパ関係の訴訟が財産訴訟から始まったことが挙げられます。これらの事件では、原告が自分の貯金を預けたり、投資のために保険契約を締結したところ、戦後に金融機関がいろいろな理由をつけて返還しなかったというので、普通の人には単なる窃盗や横領に見えたことでしょう。これは、世論を高めるためには、大事なポイントです。

　さらに重要なポイントは、被告がアメリカでも事業を行っている大きな銀行や保険会社であって、各州の銀行庁や保険庁の監督を受けていたことです。すなわち、被告はアメリカで営業を続けたければ、その官僚的な詮索に従わざるをえないことになります。原告と和解をしなければ、被告は訴訟が続く限り、このような詮索を受ける恐れがありました。アジア関係の訴訟の場合、このような財産訴訟がアメリカで起きていなかったので、同じような世論や政治のプレッシャーが高まりにくかったと言えます。

　第2に、戦後補償訴訟へのアメリカ政府の関与が、対ヨーロッパの場合と対アジアの場合とで結果的に異なっていました。戦後補償訴訟は、外交関係に大きな影響を及ぼすので、政府の意見を聞く必要があります。アジア関係の訴訟では、アメリカ政府が裁判手続において活躍し、一般に被告の立場を支援しました。逆にヨーロッパ

関係の訴訟では、アメリカ政府の沈黙が目立ちました。その理由として、ヨーロッパ関係の訴訟の場合には、包括的な和解のための国際的な交渉がすでに始まっていたので、それを失敗させないために意見を出さなかったという証言が上院の公聴会でありました[40]。

外交に関係がある問題については、裁判所は審理を行ったとしても、政府の意見を非常に尊重するので、このような政府の異なる態度が結果的にインパクトを与えたはずです。しかし、連邦下院に提出された法案、および上院の拘束力のない決議によると、司法省は今後、このような意見をいかなる戦後補償裁判にも提出することができないとされています[41]。

---

[40] Former U. S. World War II POWs : A Struggle for Justice : Hearing before the Comm. on Judiciary of U. S. Senate, 106th Cong. 585, at 8-9, 47. それどころか、国務省は、ホロコースト訴訟の原告の立場を支持して、和解のための国際的な交渉に積極的に関与した。クリントン政権下の活動については、U. S. State Department, Holocaust Issues, http://www.state.gov/www/regions/eur/holocausthp.html 参照。ブッシュ政権下の活動については、http://www.state.gov/p/eur/rt/hlcst/ 参照。

[41] H. Amdt. 188 to H. R. 2500, 197th Cong. (Jul. 18, 2001) ; S. Amdt. 1538 to H. R. 2500, 197th Cong. (Sep. 10, 2001). ただし、2001年9月11日の同時多発テロ事件後は、日本政府の支援を得るため、このような立法は止めた方がよい、という声が増えているようである。Charles Burress, Critics Say Measure Could Weaken U. S.-Japan Ties, S. F. CRON., Oct. 1, 2001, at A5. また3人の元駐日大使も、ワシントン・ポスト紙において、法案を厳しく批判した。Walter F. Mondale, Thomas S. Foley, Michael H. Armacost, Pacific Deal, WASH. POST, Sep. 25, 2001, at A23. しかし、これに対しては、法案推進派などから、強い反論が寄せられている。Rep. Mike Honda, Sen. Tom Harkin, Sen. Bob

第1章　なぜアメリカで裁判をするのか？

　最後に、アジア関係の訴訟の原告は、強い政治力がないことも弱点でした。第2次大戦のヨーロッパ人被害者は、昔から強力な組織を作り上げ、その組織の意見や不満をうまくマスコミや政治家などに伝えてきました。アジアの被害者は、このような伝統も組織もありませんでした。

　しかし、最近になってやっと組織ができて、アジア人被害者グループは、少しずつ影響力を増してきました。またアジア関係の訴訟の第2原告たち、すなわち元米軍捕虜は、もともと政治的な影響力がありました。これらの2つの理由によって、64人の下院議員は、カリフォルニア強制労働法のような連邦の立法を提案しています(42)。この立法は、連邦レベルのものですから、仮に成立すれば、カリフォルニア強制労働法と異なり、憲法違反となることはありません。

　たしかに、この法案も、また前述の司法省の行動を制限する法案も、成立するかどうかは、予断を許しません。しかし、対アジア訴訟の原告は、今ようやく戦後補償裁判の環境を変えるぐらいの影響力ができてきた、ということは言えるかもしれません。

　　Smith, Justice for Our Veterans, WASH. POST, Oct. 6, 2001, at A27 ; Editorial, GI War Claims, THE HILL, Oct. 3, 2001, at 38.

(42)　Justice for United States Prisoners of War Act of 2001, H. R. 1198, 107th Cong. アメリカ政府は、この法案に反対している。U. S. Cool to Bill on Ex-POW Claims, JAPAN TIMES, Mar. 3, 2001, at 3, available in LEXIS, News Library, Japan Economic Newswire. 1999年にも、5人の下院議員が似たような法案を提出したが、成立しなかった。H. R. 3254, 106th Cong. (Nov. 8, 1999), status and bill text available at http ://thomas.loc.gov.

グローバル化する戦後補償裁判

おわりに

　アメリカの戦後補償裁判の意義は、ミクロおよびマクロの視点から見る必要があります。ミクロの観点からは、原告または被告になる人たちにとっての意義があります。すなわち、アメリカの裁判所は、たしかに戦後補償問題を審理しますが、時間がかかり、結局、手続法上の理由で訴えを却下する可能性が高い、ということを教えられます。
　ここから導き出される教訓は、立場によって異なります。原告にとっては、勝訴する可能性は低いが、提訴から判決までの時間を上手に使い、有利な和解を期待できるかもしれません。被告にとっては、訴えられるリスクがありますが、勝訴する可能性が高いと期待できます。ただし、官僚が厳しい規制をしたり、政治家が厄介な法律を制定したり、消費者が商品をボイコットするリスクは、判決が出るまで、あるいはその後もあります。
　マクロの観点からは、アメリカの戦後補償裁判は、国際人権および国際法の伝道者たちにとって意味があります。すなわち、勝訴の可能性がある裁判所がアメリカにあることになります。しかし、そうなるためには、様々な変数がちょうど同時に、完璧に合わなければなりません。この変数の中身は、当事者の目的、事実関係、一般の世論、政治的な影響、適用される法律などです。また、全部を同時に動かすのは、非常に大変な仕事なので、この変数が完璧に合うのは、まだ稀です。もっとも、この種の訴訟が法律的な分析だけで評価できないことは、確実だと思われます。

第1章　なぜアメリカで裁判をするのか？

＊　筆者の報告原稿および本稿の作成にあたっては、第2章の執筆者である奥田安弘教授から、日本語のチェックなどの援助を受けた。

第2章　日本政府の優位は崩せるのか？
―― 日本における戦後補償裁判 ――

奥　田　安　弘

はじめに

　ご紹介ありがとうございました。私は、日本の戦後補償裁判の過去・現在・未来について話すことになっておりますが、まずこれらの裁判がどのような流れで提起されてきたのかを見ておきます。

　極めて大ざっぱに言いますと、1952年の平和条約締結後、最初に訴訟を起こしたのは、日本の民間人でした。たとえば、原爆訴訟のように、アメリカ軍の行為によって損害を受けたのに、日本政府が平和条約によって損害賠償請求権を放棄したのであるから、代わりに損害を賠償すべきである、という訴えです。つぎに訴えを起こしたのは、台湾や韓国の元軍属の人たちです。これらの人たちは、平和条約によって、日本国籍を失ったために、日本の恩給などを受けることができない。これは不当な差別であると主張してきました。そして、1990年代以降、とくに増えてきたのが、強制連行・強制労働、従軍慰安婦、大量虐殺や人体実験などの被害者の訴えであり、これは、台湾人や韓国人だけでなく、中国大陸の人たちが多数、原告となっております[1]。

---

　(1)　以上の流れについては、山田勝彦「裁判実務からみた戦後補

グローバル化する戦後補償裁判

　私の報告は、主にこの最近の戦後補償裁判を念頭において進めていきますが、皆さんご承知のように、これらの裁判において、原告側が勝訴したというケースは、ほとんどゼロに近い状態です。

　たしかに、2つほど例外があります[2]。1つは、この北海道になじみの深い劉連仁さんの事件です。ちょうど今年の7月に、東京地裁が国に2,000万円の賠償を命じる判決を下しております[3]。しかし、最初から少し難しいことを言いますが、この判決は、劉連仁さんが戦争の終わったことを知らないで、13年間も北海道で逃走し続け、国はそれに気づきながら、劉連仁さんを捜索して保護する義務を果たさなかった、という特殊な責任を認めたものでした。これに対して、劉連仁さんを強制的に連行して労働させたこと自体の責任は、問われておりません。また、もう1つの例外は、韓国人の元慰安婦3名に1人30万円の賠償を認めた山口地裁下関支部の判決です[4]。一般に「関釜（かんぷ）裁判」と呼ばれているものです。

　償」奥田安弘・川島真ほか『共同研究　中国戦後補償―歴史・法・裁判』（2000年・明石書店）218頁以下参照。See also Yasuhiro Okuda, The Law Applicable to Governmental Liability for Injuries to Foreign Individuals during World War II : Questions of Private International Law in the Ongoing Legal Proceedings before Japanese Courts, Yearbook of Private International Law, Vol. 3, 2001, p. 116.

(2)　さらに、強制連行された朝鮮人を載せた船が沈没し、524名が死亡した事件（浮島丸事件）について、原告15名に1人300万円の慰謝料を認めた京都地裁判決があるが、これも、運送の際の安全配慮義務違反を理由とするものであり、強制連行それ自体の責任を認めたものではない。京都地判平13・8・23判時1772号121頁。

(3)　東京地判平13・7・12判タ1067号119頁。

第 2 章　日本政府の優位は崩せるのか？

〔戦後「放置」、国に責任〕
第 2 次世界大戦中に中国から日本に強制連行された後、劣悪な労働条件のために逃走し、北海道の山野で 13 年間生活をした故劉連仁さんが国に損害賠償を求めた訴訟の判決で、東京地裁は 12 日、請求通り 2000 万円の支払いを命じた。西岡清一郎裁判長は、国には自ら強制連行した人たちを保護する義務が戦後生じたのに、劉さんの保護を怠ったと認定した。20 年で損害賠償請求権が消滅すると解される除斥期間の規定については「本件は正義、公平の理念に著しく反する」と述べ、適用を制限した。〔2001 年 7 月 13 日付け朝日新聞朝刊〕

しかし、この事件は、その後、広島高裁で逆転敗訴が言い渡されております[5]。

こうして見てきますと、あまりに原告側の敗訴判決が続くので、最近では、戦後補償裁判の判決が出ても、マスコミで全く報道されなかったり、たとえ報道されたとしても、小さな扱いしかされなくなってきています。したがって、一般市民の皆さんは、まだたくさんの戦後補償裁判が続いていることをご存じないかもしれません。不思議なことに、「ジャパン・タイムス」などの英字新聞は、この問題を大きく取り上げていますが、日本語の新聞はあまり取り上げない、という奇妙な現象が見られます[6]。

---

(4) 山口地下関支判平 10・4・27 判時 1642 号 24 頁。
(5) 広島高判平 13・3・29 判時 1759 号 42 頁。
(6) たとえば、オランダ人元捕虜の請求を棄却した 2001 年 10 月 11 日の東京高裁判決については、http://www.japantimes.co.jp/cgi-bin/getarticle.pl5?nn20011012a5.htm 参照。これと日本語の新聞の取り上げ方を比較してみて頂きたい。

グローバル化する戦後補償裁判

1 アメリカとの違い

あるいは、こういうマスコミであまり取り上げられないという状態が、日米の戦後補償裁判に結果の違いが生じる理由なのかもしれません。

先ほどのアンダーソンさんのお話によりますと、アメリカでは、世論の盛り上がりが裁判の結果に影響を及ぼしている側面があるとのことでしたが、さらに、アメリカで被告となっている企業は、不買運動を心配しなければならないし、裁判が長引けば、弁護士に高い報酬を払わなければならない。また、アメリカの法制度では、万が一敗訴した場合、日本では考えられないくらい巨額の損害賠償を命じられるリスクもあります。

これに対して、日本の裁判では、企業にとって、こういう心配は比較的少ないようです。しかし、最も大きな違いは、アメリカの裁判では、企業が被告になっているのに対して、日本の裁判では、むしろ日本政府が被告になっているという点です。これを説明しますと、国家は外国の裁判権に服さないという原則があります。「外国主権免除の原則」といいますが、この原則によると、アメリカでは、日本政府を被告とする訴えを起こしても、そういう裁判はそもそも許されないので、簡単に却下されてしまうことになります[7]。

---

(7) 外国主権免除の原則に関する一般的な解説としては、さしあたり広部和也「裁判免除と執行免除」『国際私法の争点［新版］』（1996年・有斐閣）220頁参照。戦後補償については、ドイツ政府を被告とした訴えがアメリカの連邦地方裁判所において認められたが、控訴裁判所において、この外国主権免除の原則を理由とし

第 2 章　日本政府の優位は崩せるのか？

　これに対して、日本の裁判では、日本政府が自国の裁判権に服さないというわけにはいかないので、いきおい日本政府を被告とした裁判が多くなるわけです。これを原告の側から見ますと、日本政府の責任を問うためには、結局のところ、アメリカの裁判所や中国、韓国など、他の国の裁判所ではなく、原則として、日本の裁判所に訴えを提起するしかないということになります(8)。

　　て却下されたプリンツ裁判が有名である。仲正昌樹「『連邦補償法』から『補償財団』へードイツの戦後補償の法的枠組みの変化をめぐって」金沢法学43巻3号119頁参照。日本政府を被告としたアメリカの訴訟については、本書第1章のアンダーソン報告注(27)参照。
(8)　ただし、この点については、例外をひとつ紹介しておく。それは、ナチスの大量虐殺について、ギリシアの裁判所がドイツ政府に対し2億4,000万ドラクマ（約7,700万円）の賠償を命じた事件である。この裁判では、ギリシアのある村で300人以上がナチスによって虐殺され、遺族がドイツ政府を相手にギリシアで損害賠償請求訴訟を起こしたところ、これが認められた。ギリシアの最高裁判所は、2000年5月5日の判決において、外国国家の裁判権免除が国際法上の原則であることを認めながら、重大な人権侵害に関する訴訟が事件発生地国で提起された場合には、例外的にこの原則が適用されないと判示した。Stephan Hobe, Durchbrechung der Staatenimmunität bei schweren Menschenrechtsverletzungen : NS-Delikte vor dem Areopag, IPRax 2001, Heft 4, 368. もっとも、原告らが現地のドイツ人学校やゲーテ協会の建物を差し押さえて、この判決を強制執行しようとしたところ、ギリシア法務省が外国政府の財産の差押許可を出さないため、強制執行ができない模様である。Jan von Hein, The Law Applicable to Governmental Liability for Violations of Human Rights in World War II : Questions of Private International Law from the German Perspective, Yearbook of Private International Law, Vol.

グローバル化する戦後補償裁判

2 日本政府の優位

しかし、こういう国を被告とした戦後補償裁判がその国の裁判所でしかできないとしたら、原告側は、ほとんど勝訴を期待できないことになるだろうと思います。現に日本の裁判所は、企業が被告の場合は和解を勧告しますし、企業の側もかなりそれに応じていますが[9]、国が被告の場合は、裁判所も政府自身も全く和解など考えていないように見受けられます。

なぜ日本政府が和解さえ考えないのかといいますと、企業の場合ほどイメージを気にしないこともあるのでしょうが、なんといっても、国は敗訴の心配を全くしていないという点が挙げられます。たとえば、劉連仁さんのケースでも、おそらく国は、当初は全く敗訴を予想しておらず、現在でも高裁で逆転するだろうと確信していることでしょう。万が一、この事件で高裁が同じような判決を下したとしても、劉連仁さんのケースは全くの例外であって、ほかの戦後補償裁判には、あまり影響しないと考えるでしょう。

冒頭に述べたように、東京地裁判決は、劉連仁さんを強制連行し強制労働させたこと、それ自体についての国の責任を完全に否定し

3, 2001, p. 189.

(9) 1997年9月18日の新日鉄との和解については、http://www5b.biglobe.ne.jp/~mujige/nittetu04.htm、1999年4月6日の日本鋼管との和解については、http://ha2.seikyou.ne.jp/home/nkhp/nkkimi.htm、2000年7月11日の不二越との和解については、http://www.unityflag.co.jp/doc/649/0649_45f.html、2000年11月29日の鹿島建設との和解については、http://www.unityflag.co.jp/doc/670/0670_23a.html 参照。

第 2 章　日本政府の優位は崩せるのか？

ております。判決の言葉を借りますと、劉連仁さんは、強制連行・強制労働によって、「多大の被害を被ったことは明らかであるが、当時の法体系のもとでは、損害賠償を認めることはできない」とはっきり述べております。

　それでは、日本政府の行為によって損害を被ったことが明らかであるにもかかわらず、その政府の責任を否定する「当時の法体系」とは、どのようなものであるのか、また原告側にとって、それはどうしても克服不可能なものであるのか、という点に話を進めたいと思います。ただし、ここでは時間の都合上、主要な争点だけを取り上げさせて頂きます。

3　国際法上の争点

　まず国際法上の争点があります。すなわち、強制連行・強制労働、従軍慰安婦、大量虐殺、人体実験など、日本軍の行為は、明らかに戦争のルールに関する国際法（交戦法規）に違反しております[10]。ですから、被害を受けた個人は、国際法違反の行為について、国際法上の請求権を有するのではないか、という問題があります。この点について、裁判所は、日本軍の行為が国際法に違反していたことは否定しませんが[11]、個人が国際法上の請求権を有するという点

---

[10]　申惠手「国際法からみた戦後補償」奥田＝川島・前掲注(1) 90頁以下参照。

[11]　とりわけ東京地判平 11・9・22 判タ 1028 号 92 頁は、南京事件・731 部隊における人体実験・重慶の無差別爆撃について、「本件加害行為は、それが戦争に付随するものであるからといって、許されるものではなく、いずれも、本件当時既に国際慣習法

は、明確に否定しております。

この辺が少し分かりにくいところですが、その理由としては、第1に、国際法というのは、一般に国家間の関係を規律するものであって、個人の請求権を認めるためには、特別なルールが必要であるということです。第2に、それではその特別なルールとして、何があるのか。原告側は、とりわけ1907年の「ハーグ陸戦条約」という条約の適用を主張しております。この条約では、たしかに戦争のルールに違反した行為について、損害賠償請求権を認めるという規定があります[12]。ただし、条約の起草過程やその後の各国の運用など見ておりますと、この規定は国家間の損害賠償請求権を認めたものであって、個人の請求権を認めたものではない、このように裁判所は判断しております[13]。

細かな説明は省略しますが、私は、国際法上の争点については、原告側がかなり苦しいのではないかと考えております。なぜなら、国際法というのは、日本一国でどうなるものでもない、各国の合意などをもとに、いわば他の国と一緒に作り上げるものだからです。

化していた右戦争規則（＝ハーグ陸戦条約の附属規則・筆者注）等に違反する」と明言している。

[12] 陸戦ノ法規慣例ニ関スル条約（ハーグ陸戦条約）3条「前記規則ノ条項ニ違反シタル交戦当事者ハ、損害アルトキハ、之カ賠償ノ責ヲ負フヘキモノトス。交戦当事者ハ、其ノ軍隊ヲ組成スル人員ノ一切ノ行為ニ付責任ヲ負フ」。

[13] 東京地判平7・7・27判時1563号121頁、東京地判平10・10・9判時1683号57頁、東京地判平10・11・26判タ998号92頁、東京地判平10・11・30判タ991号262頁、東京地判平11・9・22判タ1028号92頁、東京高判平12・12・6判時1744号48頁、東京高判平13・10・11判タ1072号88頁参照。

第 2 章　日本政府の優位は崩せるのか？

そうしますと、原告側の主張が認められるためには、先ほど言いましたハーグ陸戦条約の起草過程について、新しい文書が見つかったとか、そこで個人の請求権が明確に認められていたとか、さらに条約成立後の各国の運用が圧倒的かつ明確に個人の請求権を認めるものであった、というような証拠でも提出しない限り、裁判所の立場を変えさせることは、ほとんど不可能と思われます[14][15]。

---

[14]　原告の立場に好意的な学説をみても、それは、個人の直接請求権を認める解釈も可能である、というにとどまっており、ぜひ個人の直接請求権を認めるべきである、という断定にまでは至っていないようである。申・前掲注[10] 99 頁以下、阿部浩己「『ハーグ条約』の適用可能性〈731 部隊南京虐殺等損害賠償請求訴訟〉意見書」同『人権の国際化—国際人権法の挑戦』（1998 年・現代人文社）271 頁以下参照。

[15]　ところで、東京高判平 13・10・11 判タ 1072 号 88 頁は、2000 年 9 月 21 日のカリフォルニア州北部地区連邦裁判所の判決を引用して、「サンフランシスコ平和条約 14 条(b)の請求権放棄条項により、連合国及びその国民と日本国及びその国民との相互の請求権の問題は終局的に一切が解決されたものと認められる。すなわち、連合国国民の個人としての請求権も、連合国によって『放棄』され、これによって、連合国国民の実体的請求権も消滅した」と判示している。判例タイムズの解説は、この点をとらえて、一切の戦後補償問題が平和条約によって解決済みであるかのように述べ、これを「戦争に関する常識」であると決めつけている。しかし、本書第 1 章のアンダーソン報告 3(2)をみれば分かるように、アメリカの連邦裁判所は、連合国の元捕虜についてのみ、平和条約によって請求権放棄がなされたと判断しているわけであり、韓国人や中国人などの原告については、別の判断を下している。上記の解説は、このような区別をしていない点で、軽率のそしりを免れない。

4 国内法上の争点

それでは、国際法上の請求権がなければ、全く損害賠償請求が不可能かと言いますと、そんなことはないと思います。先ほど挙げた強制連行・強制労働、従軍慰安婦、大量虐殺などは、そもそも通常の戦闘行為としては許されないものです。したがって、法律的な観点から見れば、これらの行為はすべて、誘拐や強姦、殺人などと同じく、民法などの国内法によって不法行為責任が成立するという議論が可能となってきます。

現にほとんどの事件において、原告側は、国際法上の請求権だけでなく、国内法上の請求権も主張しております。さらに、私の専門である国際私法の観点からは、どこの国の法律が適用されるのかという準拠法の問題もありますが[16]、ここでは、ひとまず日本法を

---

[16] 詳細については、奥田安弘「国際私法からみた戦後補償」奥田＝川島・前掲注(1)126頁、同「戦後補償裁判とサヴィニーの国際私法理論（1）（2・完）」北大法学論集51巻3号223頁、51巻4号335頁参照。See also Okuda, supra note (1), p.123-134. これに対して、準拠法の問題が生じないとする見解は、(1)「わが国の財政が外国法に左右されるとすれば、わが国の統治構造の根幹にかかわる」、(2)国家賠償は「国の公権力行使の正当性に関わる問題」である、(3)とりわけ「戦時下で行われた行為は立法者の意図を超えた異常事態である」という理由を挙げる。駒田泰土「満州駐在の日本軍人による大殺害を理由とする損害賠償請求（渉外判例研究）」ジュリ1213号154頁。しかし、(1)については、国庫からの支出を問題とするのであれば、契約違反による損害賠償請求についても、同じ議論が成り立つはずであるが、契約の準拠法に関する法例7条の適用を否定する理由は見当たらないこと

第2章　日本政府の優位は崩せるのか？

前提として話を進めさせて頂きます。

さて、現在の日本の法律では、国家の不法行為については国家賠償法によって、個人の損害賠償請求権が認められております。実際の裁判では負けることも多いようですが、少なくとも法律上は請求が可能とされています。ところが、戦前は、国家の権力的な行為については、こういう不法行為責任、損害賠償責任を認めないという「国家無答責の法理」というものが存在しました[17]。また、仮に国家の責任が成立していたとしても、戦後50年以上が経過した現在では、請求権が消滅しているという「除斥期間」の問題もあります[18]。戦後補償に関する従来の判例は、このいずれかの理由によ

（澤木敬郎「国家との契約」『現代契約法大系第8巻』（1983年・有斐閣）161頁以下参照）、(2)については、公権力の行使自体の問題と私人の救済の問題を混同していること、(3)については、「異常事態」というだけでは思考の停止であり、理由にならないことから、いずれも説得力に乏しい。

[17] 国家無答責の法理を中心として、戦後補償問題を考察したものとして、秋山義昭「行政法からみた戦後補償」奥田＝川島・前掲注(1) 48頁がある。また、旧民法・現行民法・行政裁判法・裁判所構成法の起草過程から国家無答責の法理を考察したものとして、奥田安弘「国家賠償責任と法律不遡及の原則」北大法学論集52巻1号16頁以下がある。後者は、当時の立法者が「一定の範囲」では国家無答責の法理の妥当性を認めるものの、その法理の限界も認識していたことを明らかにしている。

[18] 除斥期間を中心として、戦後補償問題を考察したものとして、松本克美「消滅時効・除斥期間と権利行使可能性」立命館法学261号810頁、吉田邦彦「在日外国人問題と時効法学・戦後補償(1)〜(3)」ジュリ1214号60頁、1215号164頁、1216号119頁がある。民法724条後段は、不法行為による損害賠償請求権について、不法行為から20年を経過した時に消滅すると規定しており、

グローバル化する戦後補償裁判

り、または両方の理由を挙げて、結局のところ、国内法上の請求権も否定してきました[19]。しかし、この点については、検討の余地があります。

まず、ほとんどの裁判では、戦前の行為が問題となっているから、戦前の法が適用される。だから、国家無答責だということになるわけですが[20]、劉連仁さんの事件では、戦後の行為が問題となって

判例は、これを除斥期間と解している。すなわち、時効の停止や援用、権利の濫用などの問題が生じないとされている。しかし、最近の学説は、むしろこれを時効と解する方が多数のようである。

[19] 大まかに言えば、国については、国家無答責の法理によって責任を否定し、企業については、除斥期間によって責任を否定している。前者の例としては、東京地判平8・11・22訟月44巻4号507頁、長崎地判平9・12・2判時1641号124頁、福岡高判平11・10・1判タ1019号155頁、広島地判平11・3・25訟月47巻7号1677頁、東京地判平11・9・22判タ1028号92頁、東京地判平8・3・25判時1597号102頁があり、後者の例としては、富山地判平8・7・24判タ941号183頁、名古屋高金沢支判平10・12・21判タ1046号161頁、東京地判平9・5・26判時1614号41頁、東京地判平9・12・10判タ988号250頁、広島地判平11・3・25訟月47巻7号1677頁がある。ただし、国についても、国家無答責の法理に言及しないで、除斥期間によって責任を否定したり、両方の理由を挙げたものがある。前者の例としては、東京地判平7・7・27判時1563号121頁、東京高判平8・8・7訟月43巻7号1610頁、東京地判平10・7・16判タ1046号270頁があり、後者の例としては、東京地判平10・10・9判時1683号57頁、東京高判平12・12・6判時1744号48頁がある。

[20] これは、国家賠償法附則6項が「この法律施行前の行為に基づく損害については、なお従前の例による」と定めていることによる。ただし、ここでいう「従前の例」を単純に国家無答責の法理と解してよいのか、また国家賠償法附則6項は全く例外を許さな

第 2 章　日本政府の優位は崩せるのか？

います。したがって、現行の国家賠償法が適用され、損害賠償責任があるということになるわけです。すなわち、劉連仁さんが北海道で逃走を続けていた間に、国家賠償法が成立して、損害賠償請求権が認められるようになった。国家は本来、逃げ回っている劉連仁さんを保護する義務があったと、裁判所は言うわけです。その保護義務を怠ったことについて、国家は責任を負うのだという理屈であります。ただし、こういう保護義務違反については、国の側が到底納得するはずもなく、控訴審（東京高裁）では強く反論してくることが予想されます。たとえば、強制連行・強制労働それ自体の責任は否定されているのに、なぜそのあとの保護義務だけが認められるのか、という反論が考えられます。

　次に、戦前の国家無答責の法理は、先ほど、権力的行為について責任を否定する、そういう法理だと申し上げましたが、国家は、権力的行為でないもの、たとえば営利行為などもするだろう。また、非権力的かつ非営利的な行為というものもあるだろう。それらについては、この国家無答責は適用されないのだという理屈が考えられます。

　実は、昨年 11 月 30 日、1 年ほど前ですが、韓国人の元慰安婦に関する事件について、このような理由で国家無答責の法理の適用を否定した東京高裁の判決があります[21]。ただし、結局のところ、

　　いのか、という点には疑問が残る。奥田・前掲注(17) 43 頁以下参照。

(21)　東京高判平 12・11・30 判時 1741 号 41 頁。東京高裁は、国に「慰安所の営業に対する支配的な契約関係を有した者あるいは民間業者との共同事業者的立場に立つ者として民法 715 条 2 項の監督者責任に準ずる不法行為責任が生ずる場合もあり得る」と判示

事件から50年以上たっていることを理由として、すなわち除斥期間の法理によって、請求を棄却しております。また学説では、強制連行・強制労働というのは、非営利的な国家の事業である、つまり非権力的行為であるとして、やはり国家無答責の適用を否定する見解があります[22]。

このように従軍慰安婦や強制連行・強制労働の場合は、これらを非権力的行為ないし営利的行為とみて、不法行為責任の成立を認める余地がありますが、たとえば、南京事件や731部隊の人体実験のような場合には、こういう理由は使えないと思います。ただ、仮に従軍慰安婦や強制連行・強制労働について、不法行為責任、国の責任が認められたとしたら、その裁判の数はかなり多いので、日本の戦後補償裁判の様相は大きく変わってくると思います。

一方、戦後50年以上が経過した現在では、損害賠償請求権が消滅しているとする除斥期間の問題については、この度の劉連仁判決が重要な意義を持っております。先ほど、劉連仁さんの場合、戦後の行為だから国家賠償法が適用されると言いましたが、それでもかなり昔の話です。しかし、東京地裁は、劉連仁さんについて、除斥期間の適用もないと言ったわけです。これは戦後補償裁判では初めてのことです。また、その理由づけも、かなり普遍性を持っていると言えます。

たとえば、先ほど紹介した昨年11月30日の東京高裁判決などは、従軍慰安婦について、不法行為責任の成立を認めています。ただ、除斥期間の経過によって、権利は消滅したと述べているわけですか

した。
[22] 秋山・前掲注[17] 61頁以下。

第2章　日本政府の優位は崩せるのか？

ら、この劉連仁さんの判決の理屈を使えば、その点もクリアできて、元慰安婦の請求が認められたのではないか、と言えなくもありません。

ただし、ここで注意すべき点が2つあります。1つは、劉連仁さんの判決で、なぜ除斥期間の適用がなかったのかと言いますと、それは、「正義公平の理念」に反するからだという理由に基づいています[23]。つまり、ケース・バイ・ケースで、極めて例外的に、この除斥期間の適用を制限しております。したがって、劉連仁さんのケースでは、これが認められたけれども、ほかの戦後補償のケースでも認められるのかと言えば、それは保証の限りではありません。さらに、この劉連仁判決自体が控訴審（東京高裁）でも維持されるのかという点に、不安がありますが、時間の都合上、詳しい説明は省略させて頂きます[24]。

---

[23] すなわち、東京地裁は、国が自ら行った強制連行・強制労働に由来する劉連仁の13年間の逃亡について、それを明らかにする資料を作成しながら、結果的に調査すら行わずに放置したのであるから、除斥期間により責任を免れさせることは、劉連仁の被害の重大さを考慮すると、「正義公平の理念」に著しく反していると判示した。

[24] すなわち、東京地裁判決は、最判平10・6・12民集52巻4号1087頁を引用して、除斥期間の適用制限を認めているが、この最高裁判決は、国が施した予防接種によって意識不明の状態になった人が20年以上経ってから訴訟を起こした、というケースに関するものであった。資料の存在を明らかにしなかったという事実と意識不明の状態を同一視できるのかどうか、という問題が生じるであろう。ただし、最近の学説は、そもそも民法724条後段について、これを除斥期間ではなく時効に関する規定と解する見解が多数を占めているようである。前述注[18]参照。なお、中

5 日本の弁護士の役割

さて以上のように、国内法上の請求権については、若干期待の余地がないわけではありませんが、全体として、日本政府の圧倒的優位はゆるぎないと言えます。このような状況において、弁護士の皆さんは、私の知っている限り、非常に献身的な役割を果たしてきたと思います。

現実に勝訴できなければ、結局、報酬をもらえないわけですが、それどころか弁護士の皆さんが、自ら一般市民の支援団体を組織したり、外国の研究者や弁護士との交流を手弁当で行っている姿を見てきました[25]。おそらく純粋に弁護士の社会的使命にもとづいて、こういう活動をされているのだろうと信じております。

しかし、若干、苦言を申し上げますと、戦後補償裁判をあまりに政治運動の場とするのは、やめて頂きたいと思っております。法理論的には、まだ期待の余地が残っている、つまり勝訴も不可能ではないと思っているので、余計にそのようなことを申し上げるわけです。

たとえば、弁護団の訴状などを見ますと、先の戦争が日本の帝国

国大陸で起きた事件については、中国法が適用されるべきであるが（法例11条1項）、事件当時に中国大陸で施行されていた中華民国法民法197条1項は、不法行為の時から10年を経過したときは、不法行為請求権が消滅すると規定しているところ、これは、除斥期間ではなく時効と解されている。鈴木賢「中国法からみた戦後補償」奥田＝川島・前掲注(1)200頁以下参照。

[25] 中国戦後補償弁護団の活動については、山田・前掲注(1)229頁以下参照。

主義にもとづく侵略戦争であったことを長々と記述しており、その戦争が間違いであったという歴史認識を裁判所に認めさせること、これが最大の目的ではないかという錯覚を起こさせます。またマスコミも、判決の結論がほとんど敗訴だということにもよるのでしょうが、裁判所が侵略戦争であることを認めたとか、戦後補償立法の必要性を認めたという点を、若干大きく取り上げすぎるのではないかという気がいたします。

冷たいことを言うようですが、裁判官は、当然のことながら歴史の専門家ではありません。そういう裁判官が、先の戦争を日本の侵略戦争だといっても、あまり意味がないのではないかと思います[26]。むしろ、歴史の専門家の方、今日もいらっしゃいますが、そういう方々に失礼ではないかとさえ思うわけです。

また、戦後補償立法の必要性についても、これをあまり言うのは、三権分立の原則に反するおそれがあります。裁判所は、やはり現行法の解釈を第1の任務とすべきであり、現行法によって救済できないからといって、軽々しく立法的救済を述べるべきではないのではないか。立法の必要性は、国会が判断すべきことであって、裁判所がそれを言うのは、もう少し慎重にされた方がよいのではないかと思います。

したがって、弁護士の皆さんや、マスコミの皆さん、それから、一般市民の方々も、侵略戦争であるということや、戦後補償立法が必要であるということを、裁判所が言うことを期待したり、逆に裁

---

[26] たとえば、東京地判平11・9・22判タ1028号92頁は、「歴史的事実」について異様に長い記述を行っているが、その内容に対する疑問として、川島真「歴史学からみた戦後補償」奥田＝川島・前掲注(1)36頁以下参照。

判所がそれを述べなかったからといって、これはだめな判決だと否定的評価を下すのは如何かと思うわけであります。立法的救済については、むしろ国会に向けて働きかけるのが本来の筋であり、裁判とは一線を画してやって頂きたい、というのが私の感じたことであります。

6 ドイツとの違い

さて、そのような戦後補償立法、立法的救済としてよく引き合いに出されますのが、ドイツの例であります。とりわけ、昨年8月にドイツでは、「記憶・責任・未来」財団の設立に関する法律が制定されました。以下では、これを「財団設立法」と呼ぶことにします。この財団設立法が制定されてから、日本も同じような立法をすべきである、という主張が高まっていますが、このような主張は、ドイツ法の内容をよく調べていないか、または意図的にその不都合な面を無視しているように思われます[27]。

まず、この2000年の財団設立法は、従来のドイツの戦後補償政

---

[27] 私のこのような懸念をすでに論文にした研究者がいる。仲正・前掲注(7) 89頁。仲正論文は、全体として、ドイツの戦後補償政策を冷静に分析したものと評価できるので、以下で述べる財団設立法の意義については、もっぱらこれに依拠した。ただし、仲正教授は、ドイツにおける「ナチスの不法」に対応するものとして、日本は「何の罪」に対して補償する責任があるのかを法的に概念化しなければならないと主張するが、自らは、このような「ナチスの不法」に対応するものを明らかにしておらず、この論評は少し観念的すぎると思われる。また仲正教授も、財団設立法の不利な面を意図的に過少評価しているきらいがある。

策、すなわち1956年の連邦補償法の延長線上にありまして、この連邦補償法の適用を受けなかった人々の救済を目的としております。すなわち、1956年の連邦補償法では、東ヨーロッパの強制連行・強制労働の被害者などが、賠償の対象とされていませんでした。この点は、従来からも問題となっていたのですが、最近のアメリカにおける多数の訴訟をきっかけとして、これまで補償の対象とされていなかった人々が、この2000年の財団設立法で救済されたというわけです。

すなわち、ドイツの場合はゼロから出発したのではなく、もともとユダヤ人などについては、アメリカの圧力もありまして、賠償を認めていたのですが、東ヨーロッパの強制連行・強制労働の被害者は賠償の対象になっていなかった。それを今度の財団設立法によって改め、賠償の対象を拡大したというわけであります。しかも、この拡大は突然行われたわけではありません。たとえば、強制連行裁判の原告とドイツ企業との和解は、すでに1957年に最初の例が現れており、最近になってようやくそういう和解が成立するようになった日本とは、大きく状況が異なっております。

日本政府に関して言いますと、政府は全く損害賠償を支払うつもりはない、という建前を崩しておりません。たとえば、アジア女性基金から元慰安婦に200万円が支払われることになっておりますが、これは一般市民の募金によって賄われており、日本政府は医療や福祉の支援事業だけを行うとされています[28]。なぜそうなのか。その根本的な理由は、先ほど言いました国家無答責の法理にあります。

---

[28] アジア女性基金（女性のためのアジア平和国民基金）のウェブサイト（http://www.awf.or.jp/index.html）参照。

グローバル化する戦後補償裁判

すなわち、日本政府はもともと法律上の責任を負っていないのだから、個々の被害者に賠償金という形で支払う義務はないのだ、この一線は崩しておりません。

裁判所も、その点をもっとよく認識してほしいと思います。すなわち、原告の請求については、国家無答責の法理によって、全く根拠がないと言っておきながら、他方で、戦後補償立法によって救済すべきであるというのは、明らかに矛盾していると言わざるをえません。政府の側から見れば、全く法律的な責任がないのに、なぜ賠償金を支払わなければならないのか。なぜ新しい法律を作らなければならないのか。それなら、国家無答責の法理によって、戦前、日本政府の公務員から被害を受けた人たちが賠償を受けなかったという例は他にもたくさんあるわけでして、戦前のそういう被害者たちを全部救済する。つまり、戦後補償だけでないということになるのではないか。政府はたぶんそういう危惧を抱くだろうと思うわけです。

したがって、言わなければいけないことは、むしろ、国家無答責の法理には一定の限界がある。たとえば、従軍慰安婦や強制連行・強制労働については、戦前の法体系のもとでも、不法行為責任が成立する可能性がある、これを指摘することが重要なのだと思います。要するに、日本政府は国家無答責の法理を理由として、一切の賠償を拒否しているわけですから、その根本のところを崩さない限り、ドイツのような基金の設立はあり得ないと思います。

さらに注意すべきであるのは、ドイツの財団設立法では、補償額が極めて制限されているという点です。強制収容所などで働かされた、いわゆる狭い意味での強制労働の場合でも、1万5,000マルクが限度でありまして、本国からドイツに連れて来られて、企業で働

第 2 章　日本政府の優位は崩せるのか？

かされた人の場合は、わずか 5,000 マルクが限度とされています[29]。日本円に換算しますと、前者が 100 万円弱、後者つまり東ヨーロッパの強制連行・強制労働の被害者は、わずか 30 万円弱しかもらえないということになります。当然、この金額には不満を持つ人も出て来るでしょうが、財団設立法によりますと、これらの人々は、この法律にもとづく補償の申請ができるだけであって、裁判は禁止されております。

実は、これを不服とした裁判がすでにドイツで行われています。あるウクライナの女性が強制連行されて、1942 年から 1945 年までドイツ企業で働かされ、4 万 5,000 マルクを請求したいので、裁判所に訴訟費用の援助を申請しました。ところが、こういう裁判は、そもそも財団設立法に違反しているから、裁判自体が許されないとされたのです。昨年 11 月 30 日に最高裁の判断が出ており、その後、憲法裁判所に違憲審査の申立をしましたが、今年の 4 月 25 日に敗訴しております[30]。

またオーストリアも、今年の 5 月 28 日から同じような「賠償基金設立法」を施行しております[31]。この法律は、1 人あたりの補償限度額を定めていませんが、ドイツの基金が 100 億マルク、約 5,000 億円であるのに対して、オーストリアの基金は、わずか 250

---

[29] この法律による給付は、一時金とされている。これに対して、連邦補償法による給付は年金であり、少し古い数字であるが、1 人あたり平均月額 900 マルクを受け取っているとのことである。朝日新聞戦後補償問題取材班『戦後補償とは何か』（1994 年・朝日新聞社）120 頁参照。

[30] BGH 30. 11. 2000, NJW 2001, 1069 ; BVerfG 25. 4. 2001, NJW 2001, 2159.

[31] BGBl. I 12/2001 ; 40/2001 ; 58/2001.

億円ですから、やはり1人あたりの金額はかなり少なくなるだろうと思います。

したがって、そういう限界を無視して、むやみにドイツなどの例にならうべきであるというのは、若干、無責任な気がいたします。仮に国家無答責の法理を克服して、従軍慰安婦や強制連行・強制労働について、賠償のための基金を設立するとしても、それでは幾らなら払えるのかといえば、現在の国家財政の状況を見ますと、あまり多くは期待できません。しかし、財団を作る場合には、全体の総額を決めて、1人あたりの金額は目をつむるしかないでしょう。

その際に、従来アジア女性基金から、元慰安婦が1人200万円を受け取っていたということを比較に挙げますと、とてもドイツのような基金はできないだろうと思います。対象者の数を考えたら、強制連行・強制労働、慰安婦だけでも相当な数になるので、1人あたりの金額はかなり少なくなるだろう。それでも、こういう基金をつくる以上は、結局、ドイツやオーストリアのように、その金額に不満があっても、裁判はできないということになると思います[32]。

これは1つの政治的な決断でありまして、私のような法律の一研究者がどうこう言える問題ではありませんが、ただ、ドイツの解決方法をまねるというのであれば、そこで大きな決断が必要になるだろう。日本政府にとってだけでなく、裁判の原告側にとっても、大きな決断が必要になることを改めて申し上げておきたいと思います。

---

[32] ただし、被害の事実がないとして、基金に対する支払申請が却下された場合など、基金による賠償金の支払自体を争う場合は、行政機関内部の不服審査手続や処分取消訴訟などが認められるであろう。現にドイツやオーストリアの基金設立法でも、このような行政訴訟は認められている。

第 2 章　日本政府の優位は崩せるのか？

7　今後の問題点

　さて、今後の問題点として挙げておきたいのは、戦前の国家無答責の法理では、賠償が認められないとしても、それなら現行法、つまり現在の国家賠償法などによれば、仮に同じような行為があったら、賠償が認められるのであろうか、という点が気になるわけであります。

　このような目で、戦後補償裁判の判決を見ていますと、裁判官はひょっとしたら、現行の国家賠償法のもとでも、いろいろな理由をつけて、賠償を認めないのではないかという気がしてなりません。時間がありませんので、詳しいことは省略させて頂きますが、そういう不安があります[33]。

---

[33]　たとえば、東京地判平 11・9・22 判タ 1028 号 92 頁は、戦争においては、兵隊の残虐行為はつきものであって、敵の兵士と民間人の区別もできないような状況に陥る、と述べている。これは、民間人の犠牲が一般的な戦争の結果であって、日本国民がその被害を甘受したように、他国の国民も同様に甘受すべきである、という考え方がにじみ出ているし、また正常な精神状態ではないのであるから、「責任能力」を否定する趣旨（民法 713 条）にも読み取れる。しかし、戦争のルールに関する国際法（交戦法規）によれば、むしろ民間人であるからこそ、戦闘行為の犠牲になってはならないはずであり、その損害は賠償されるべきである、という方が国際法の理念に合っているはずである。ところが、同判決は、さらにこのような国際法は学者の机上の空論にすぎず、現実の戦争では一度も守られたことがないと述べている。この点は、わが国の国際法学界からクレームがあってしかるべきであるが、今のところ、そのような動きは見られない。また責任の能力につ

グローバル化する戦後補償裁判

　また、私が先ほど述べたように、慰安婦や強制連行・強制労働の被害者については、国家無答責を排除するという可能性がないわけではありませんが、それでは、南京事件や731部隊の人体実験などの被害者は、もうどうしようもないのか、全く救われないのかというようなことも気にかかります[34]。それからまたドイツのような基金を作っても、それによって、実際の損害よりもかなり少ない金額しか受け取れないことを妥当とみるかどうかは、意見が分かれるところでしょう。

　　いても、民法の普通の考え方によれば、武器を使用する兵士であるからこそ、高度な注意義務が要求されるべきであるのに、かえって注意義務が軽減されるような言い方が気になるところである。さらに言えば、同裁判所が審理した南京事件や731部隊の人体実験では、明確に民間人であることを認識しながら、残虐行為が繰り返されたのであるから、兵士との区別ができなかった、という言い訳は全く通用しないはずである。それにもかかわらず、日本の裁判所が仮に国家賠償法ないし民法を適用しても、不法行為責任を問えないかのようなことを判決の中で述べるのは、近隣のアジア諸国に失望感だけでなく、むしろ不安感を抱かせるであろう。

(34)　すなわち、南京事件や731部隊の人体実験なども、旧民法・現行民法・行政裁判法・裁判所構成法の立法経緯によれば、国家無答責の法理を適用するための前提要件をそもそも欠いていると考えられる。奥田・前掲注(17) 43頁以下参照。ただし、連合国の元捕虜については、自国の領域内に残された日本の政府や個人の財産を換金して、すでに（少ないながらも）賠償金が支払われていること、カリフォルニア連邦地裁の判決によれば、これらの者とその他の被害者は区別すべきであること等から、基金の対象から除外することが考えられなくもない。本書第1章のアンダーソン報告2(1)および3(2)参照。

第 2 章　日本政府の優位は崩せるのか？

そこで、こういう国際的な違法行為については、むしろ国内裁判所ではなく、国際裁判所が民事の賠償責任を判断する権限を持って、そこに個人が直接提訴するというようなシステムが期待されるわけです。

〔追記〕

本シンポジウムの終了後、2002年4月26日の福岡地裁判決は、中国人15名の強制連行・強制労働について、日本政府の責任は否定したものの、三井鉱山の不法行為責任を認め、1人あたり1,100万円の損害賠償を命じた。従来の強制連行裁判では、和解によって企業から損害賠償を受け取ったケースは見られたが、勝訴判決を得たケースは、わが国では初めてである。その判決理由には、幾つかの注目点および疑問点があるが、ここでは2点だけを挙げておきたい。

第1に、日本政府の責任を否定した理由は、例のごとく国家無答責の法理であるが、日本政府の行為は、「権力をもって特定人に対して、一方的に公法上の勤務義務を命じる行政処分と解される国民徴用令による強制連行と、運用の実態において同様に解されるべきものであるから、原告らに対する本件強制連行及び強制労働は、被告国の権力作用によるものというべきである」とされている（下線・奥田）。このように日本国民の徴用と外国人の強制連行を同一視する見解は、他に例を見ないが、この点については、批判が予想される。

たとえば、行政法の秋山義昭教授にコメントをお願いしたところ、「国民徴用令による労働力調達も、労働力不足を唱える民間企業の要請に応える一種の経済政策的な措置であって、非権力的な行為と

51

みる余地もある」とのことであり、これによれば、日本国民の徴用と同様に解されるからといって、中国人の強制連行を権力的行為であると断じることはできないであろう。

　第2に、民法724条後段を除斥期間であるとした点は、従来の判例と同じであるが、正義衡平の理念による適用の制限は、劉連仁判決に続くものであり、注目される。すなわち、強制連行・強制労働の「態様は非常に悪質」であり、また原告らが最近になって「初めて本件訴訟を提起するに至ったこともやむを得ない」というべきであり、さらに「被告会社は、本件強制連行及び強制労働により、戦時中に多くの利益を得たと考えられる上、戦後においても利益を得ている」として、除斥期間の適用を制限した。本件の控訴審において、この判断が維持されるか否かだけでなく、本件以外の強制連行裁判（北海道・新潟・東京・長野・京都など）にどのような影響を及ぼすのかに注目したい[35]。

　一方、ヨーロッパでは、フランスのフォンテンブロー労働裁判所が2002年2月5日の判決において、ドイツ政府に対し9万1,244ユーロ（約1,000万円）の支払を命じた。原告は、1944年6月8日にフォンテンブローで強制連行され、その後、ハノーファー近くのバッテリー工場で1945年5月1日まで労働を強制された。その際の待遇は、昼食時に1杯のスープ、1週間に1度パンを1つ与えられたにすぎず、1日に10時間、休日なしで働かされた。9万1,244ユーロの内訳は、7万6,000ユーロが賃金の支払であり、1万5,244ユーロが損害賠償とのことである（ただし、ドイツの新聞によ

---

[35] 判決文は、穂積剛弁護士のご好意により入手したが、以下のサイトにも、原告弁護団が独自に判決の全文を掲載している。
http://www20.u-page.so-net.ne.jp/yc4/ikenaga/topic.htm

第 2 章　日本政府の優位は崩せるのか？

れば、逆に 7 万 6,000 ユーロが損害賠償であり、1 万 5,244 ユーロが賃金の支払とのことである)。

　戦後補償に関する事件において、ヨーロッパの裁判所がドイツ政府に対し損害賠償の支払を命じたのは、ギリシアの裁判所に続いて 2 例目であるが、今回の判決は、とりわけ基金の創設後に下されたものだけに、ドイツ政府の動揺は大きいようである。日本の側からみれば、ドイツについても、基金の創設によって、すべての問題が解決したわけではないことに注目したい[36]。

---

[36]　判決の内容およびドイツ政府の反応は、フランスのル・モンド (Le Monde) 紙 (2002 年 2 月 8 日付け) およびドイツのフランクフルター・ルンドシャウ (Frankfurter Rundschau) 紙 (2002 年 2 月 9 日付け) によった。この情報は、マックス・プランク外国私法国際私法研究所のフォン・ハイン (Jan von Hein) 研究員からご教示頂いた。

第3章　将来の戦後補償裁判は大丈夫か？
——国際刑事裁判所への提訴の可能性——

古 谷 修 一

はじめに

ご紹介いただきました香川大学の古谷です。

私の専門は国際法です。とりわけ国際刑事法を主な研究テーマにしています。アンダーソンさん、奥田さんからは、アメリカや日本などの各国の戦後補償に関する対応がお話しされました。私は近年の国際的な動向、とりわけ国際刑事裁判所が民事賠償の問題にどのような影響を与えるのかということについてお話しを申し上げたいと思います。これは現在進行中の戦後補償の問題と直接には関連しないわけですが、将来こうした問題がどのように処理されるのか、あるいは処理されるべきなのかという観点では非常に重要な問題であろうと思います。また、進行中の戦後補償の問題にも、何らかの参考になる点があるのではないかと考えております。

1 国際刑事裁判所とは何か？

まず民事賠償の問題に入る前に、国際刑事裁判とは何なのかということについて簡単にご説明する必要があろうかと思います。国際裁判というと、オランダのハーグにある「国際司法裁判所」という

グローバル化する戦後補償裁判

ところを思い浮かべる方もいらっしゃるかもしれません。1996 年に、核兵器の使用が国際法上違法であるかどうかを判断する「勧告的意見」を出し、日本でも少し名前が知られるようになりました。実は、これからお話しする国際刑事裁判所 (International Criminal Court. 以下 ICC)[1] も同じくオランダのハーグに設置されることになっています。しかし、その目的や裁判の性格は国際司法裁判所とは全く異なります。

どのように違うのかと言いますと、国際司法裁判所は国家と国家の間の法的な紛争を解決することを目的としています。これは、国内の裁判制度にたとえてきわめて単純に言えば、企業と企業が裁判で争う民事事件のようなものだとご理解いただければよいと思いま

---

(1) 本シンポジウムの開催時点では、ICC の設立条約である ICC 規程は発効していなかった。しかし、その後 2002 年 4 月 11 日に批准国は発効に必要な 60 ヵ国を越え、7 月 1 日をもって ICC 規程は正式に発効した。これに伴い、現在は具体的な裁判所の始動を準備する Advance Team がハーグにおいて活動を始めている。9 月には、裁判所の管理運営を統括する締約国会議 (Assembly of States Parties) が初めて開催される予定になっており、2003 年には実際に裁判所が活動を開始することになる。

なお、ICC に関しては、その設立条約である ICC 規程の条文も含めて、国連のサイト〈http://www.un.org/law/icc/index.html〉から詳しい資料が入手できる。また、ICC の設立に大きな影響を与え、批准推進の運動を展開している NGO 連合体 "Coalition for the ICC" のサイト〈http://www.igc.apc.org/icc/〉も有益な情報を提供している。なお、ICC に関する論文は多数あるが、ICC の特集を組んでいる『国際法外交雑誌』第 98 巻 5 号 (1999 年) 掲載の諸論文は、ICC の特徴、歴史的経緯、犯罪類型や管轄権にかかわる具体的内容を理解する上で、大変に重要である。

第3章　将来の戦後補償裁判は大丈夫か？

〔国際刑事裁設立条約きょう(2002年7月1日)発効〕

集団殺害（ジェノサイド）や戦争犯罪など重大な非人道的行為にかかわった個人を裁く「国際刑事裁判所（ICC）」の設立条約が1日、発効する。史上初の常設国際法廷で、非人道犯罪の責任者は、原則的に、地位や国籍を問わずICCで訴追される可能性が発生する。（中略）

設立条約は98年7月に採択された。6月末までの批准国は、欧州連合（EU）やアフリカ諸国など74ヵ国。日本は、国内法の整備を理由に、署名も批准もしていない。

〔2002年7月1日付け朝日新聞朝刊〕

す。これに対して国際刑事裁判は、その名称からもご理解いただけるとおり、刑事責任を追及する裁判です。具体的に言えば、戦後補償でも問題になっているような戦争犯罪、あるいは、さらに大規模なジェノサイド（集団殺害）や人道に対する罪などを犯したとされる個人を、国際的な検察官が起訴し、国際法廷がこれを裁くということになるわけです[2]。

すでにお気づきの方もいらっしゃるかもしれませんが、このような国際刑事裁判は第2次大戦後に「国際軍事裁判」と呼ばれ、ニュールンベルグと東京で行われました[3]。これらは戦勝国の裁判

---

(2) ICC規程第5条は、「裁判所の管轄は、国際社会全体の関心事である最も重大な犯罪に限定される」と述べたうえで、次の犯罪について裁判権を有すると規定している。(a)集団殺害、(b)人道に対する罪、(c)戦争犯罪、(d)侵略の罪。

(3) Charter of the International Military Tribunal, annexed to the Agreement for the Prosecution and Punishment of Major War Criminals of the European Axis (London Agreement), 82 U. N. T. S. 279 ; Charter of the International Military Tribunal

官が敗戦国の犯人を裁くという型式でしたので、はたして公正な裁判であったと言えるのかという点では疑問が残ります。それでも、国際法廷が個人の刑事責任を直接に追求するという点では画期的な出来事だったと言えます。

この裁判で特に重要な点は、個人が国際法に基づいて裁かれるという点です。つまり、被告人の属する国家の刑法が、たとえば捕虜の虐待や民間人の殺傷などを犯罪としているか否かは全く問題ではありません。むしろ、東京裁判でおわかりのように、国内的には合法的に総理大臣や軍司令官などの職務を遂行したとしても、その行為が国際法では戦争犯罪になるということであれば、当然刑事責任を負わなければなりません[4]。しかも、そうした行為については、

---

for the Far East, Special Proclamation by the Supreme Commander for the Allied Powers at Tokyo, T. I. A. S. 1589.

(4) たとえば、ニュールンベルグ裁判所は、判決において次のように述べている。「[弁護側からは]国際法は主権国家の行動に関するものであり、個人の処罰を何ら規定していないと主張された。さらにまた、問題となっている行為は国家の行為であり、こうした行為を実行した者は個人として責任はなく、国家主権の理論によって保護されるとも主張された。裁判所の意見では、こうした主張は却下されなければならない。国際法が国家に対するのと同様に、個人に対しても義務を課していることは、すでに長い間認められてきている。…国際法に違反する犯罪は、抽象的実体により行われるのではなく、人間によって行われるのである。したがって、当該犯罪を行った個人を処罰することによってのみ、国際法の規定は履行され得る。」Office of United States Chief of Counsel for Prosecution of Axis Criminality, *Nazi Conspiracy and Aggression, Opinion and Judgment*, 1947, pp. 52-53. また、1950年国連国際法委員会は「ニュールンベルグ諸原則の定式化」を行ったが、その原則Ⅱは「国内法が、国際法上の犯罪を

第3章 将来の戦後補償裁判は大丈夫か？

公の資格で行われた国家の行為であるという言いわけも通用しません(5)。上は大統領・総理大臣から、下は一兵卒に至るまで、国家の陰に隠れて自らの行為を正当化できないわけです。

このようにニュールンベルグ裁判と東京裁判は、戦争犯罪や人道に対する罪などを裁く制度としては大変に重要な発展だったと言えます。しかし、残念ながらこれらの裁判所は、第2次大戦中に行われた犯罪だけを扱うものでした。つまり、第2次大戦後に起こるかもしれない同様の犯罪を処罰する制度はまだ存在しなかったわけです。そこで国際連合は、その創設直後から常設的な国際刑事裁判所の設置に向けた審議を開始いたしました。しかし、この試みは1951年ごろまでは順調に進められたのですが、結局東西冷戦が深刻になった結果、とん挫してしまいます。こうして、実際はニュールンベルグ・東京裁判以来、国際刑事裁判は長い間実現することがありませんでした。

ところが、このような状況を一変させるような事態が起きました。それは1990年代初め、冷戦の終結に呼応するように起こってきた各地の民族紛争です。とりわけ、旧ユーゴスラビアで起こった内戦は、「民族浄化」という、ナチス支配下のユダヤ人に対して起こった迫害を思い起こさせる事態を発生させました。国内裁判所が全く

構成する行為について刑罰を科していないという事実は、当該行為を行った者を国際法上の責任から免れさせない」と宣言している。Report of the International Law Commission to the General Assembly, UN Doc. A/1316. ILC Yearbook (1950–II), p. 374.

(5) 同じく、ニュールンベルグ諸原則の原則Ⅲは「国際法上の犯罪を構成する行為を行った者が、国家元首あるいは責任ある政府の公務員として行為したという事実は、その者を国際法上の責任から免れさせない」と述べている。*Ibid.*, p. 375.

グローバル化する戦後補償裁判

無力なこうした事態に対処するために、国際連合の安全保障理事会は1993年に「旧ユーゴ国際刑事裁判所」を設置し、民族的差別に基づく一般住民の虐待・殺害等を処罰することを決定しました[6]。皆さんもご存じのことかと思いますが、ユーゴスラビア連邦（セルビア・モンテネグロ）の元大統領であるミロシェビッチが起訴され、現在裁判されているのがこの裁判所です。これまでに10名の有罪判決が確定し、ミロシェビッチを含め現在46名の被告人が裁判所に拘留され、裁判が進行中です。その他、公になっているだけで20名に対して逮捕状が出されている状況です[7]。

さらに、安全保障理事会は1994年に「ルワンダ国際刑事裁判所」を設置しました[8]。これは、アフリカのルワンダにおけるフツ族とツチ族という民族対立によって起こった、非常に大規模なジェノサイドを裁くことを目的にしています。ここでも、元大統領・首

---

(6) International Tribunal for the Prosecution of Persons Responsible for Serious Violations of International Humanitarian Law Committed in the Territory of the Former Yugoslavia since 1991, Security Council Resolution 827 (1993), UN Doc. S/RES/827 (1993) (25 May 1993).

(7) 旧ユーゴ国際刑事裁判所の最新情報については、〈http://www.un.org/icty/glance/index.htm〉を参照。

(8) International Criminal Tribunal for the Prosecution of Persons Responsible for Genocide and Other Serious Violations of International Humanitarian Law Committed in the Territory of Rwanda and Rwandan Citizens Responsible for Genocide and Other Such Violations Committed in the Territory of Neighbouring States between 1 January 1994 and 31 December 1994, Security Council Resolution 955 (1994), UN Doc. S/RES/955 (1994) (8 November 1994).

相・官僚・軍の幹部・マスコミ関係者などの裁判が行われています。現在までに6名が有罪の確定判決を受け、50名の裁判が進行している状況です[9]。

こうして、ニュールンベルグ・東京裁判以来50年ぶりに個人の刑事責任を問う国際的な司法制度が整備されたわけです。しかし、この2つの裁判所は、ユーゴスラビアとルワンダにおける事件を扱うことに管轄権が限定されていますので、その他の地域での同様の犯罪を裁判する権限を持ちません。そこで、どの地域で発生した犯罪についても扱うことのできる一般的な管轄権を持つ裁判所を設置しようという気運が急速にわき上がりました。これが、冷戦下で停止していた常設的な国際刑事裁判所に関する国際連合内での議論の再開を刺激したのです[10]。

この動きは最終的に、1998年に国際刑事裁判所を設置する条約（ICC規程）の採択として結実しました。このICC規程の発効、つまり実際にICCが活動を始めるには、60ヵ国による批准が必要です。条約採択当時は、発効までにおそらく10年はかかるであろうというのが一般的な見方でしたが、2000年に入って急激に批准国が増え始め、2002年には発効する見通しです[11]。こうした動きは、

---

(9) ルワンダ国際刑事裁判所の最新情報については、〈http://www.ictr.org/〉を参照。

(10) 第一次大戦からICCの設立に至る国際社会の対応の歴史については、藤田久一『戦争犯罪とは何か』（岩波書店・1995年）を参照。

(11) 前述注(1)のように、ICC規程は2002年7月1日をもって発効した。8月5日現在、署名国は133ヵ国、批准国は77ヵ国に達している。最新の署名・批准国の一覧は、〈http://www.igc.apc.org/icc/rome/html/ratify.html〉で知ることができる。

グローバル化する戦後補償裁判

国際社会全体が、戦争犯罪や人道に対する罪などを犯した者を公正な司法の手で裁く必要性を、強く認識している証左と言えるでしょう。

　日本はどうかと言いますと、残念ながら、現在のところ、ICC規程の批准はおろか署名さえしていません。実は、日本はICCの設置には大変に熱心で、審議の過程ではリーダーシップを発揮した局面もありました。署名・批准について国内に根強い反対があるというわけでもないのですが、強いて言えば、急がなければならない必要性がないということでしょうか。実際に批准となれば、刑事訴訟関係の国内法令の改正が必要になります。しかし、現在の国会は他の法案や条約の審議を優先している状況です。G7諸国では、イギリス、フランス、ドイツ、イタリア、カナダがすでに批准を済ませており、アメリカはICCに原則としては反対していますが、それでも2000年末に一応署名だけはしています。ですから、日本だけが全く無反応という状態であるわけです。これは私の個人的な見解ですが、各国の批准がさらに進んでゆけば、おそらく重い腰を上げるのではないかと思います。

2　国家は国際刑事裁判所の被告人となりうるのか？

　さて、以上が国際刑事裁判についての説明ですが、ICCにおける民事賠償の問題に入る前に、もう1つ明確にしておきたい点があります。それは、国家がICCにおける刑事裁判の被告人となりうるのかという点です。

　戦後補償というと、大半の方は日本政府の責任といったことを連想されるでしょう。これは、暗黙のうちに責任を負うのは国家であ

第3章 将来の戦後補償裁判は大丈夫か？

るという前提に立っているからだと思われます。しかし、これまでお話してきた国際刑事裁判は、国際性を持つとはいえ、あくまで刑事裁判ですので、対象となるのは自然人です。国内刑法においても、法人の刑事責任については争いがありますが、国際法でも国家やその他の団体が刑事責任を負うことができるのかについては議論があります。ニュールンベルグ裁判では、自然人以外にナチスに関連するいくつかの団体が刑事責任を問われています。しかし、東京裁判では自然人に限定されていました。集団責任という考え方は罪刑法定主義に照らして問題を含んでいると考えられているため、ユーゴ国際刑事裁判所とルワンダ国際刑事裁判所においても法人の責任は除外され、ICCもこれにならっています(12)。したがって、ICCにおいて国家が被告人になるということはありません。

　もちろん、これは戦争犯罪や人道に対する罪に関して国家に一切責任がないという意味ではありません。公務員である兵士が戦争犯罪などの犯罪を行った場合、その行為は国家の行為と考えられ、国家に責任が生じます。これは刑事ではなく、むしろ民事上の責任と言えるものです。戦後補償で議論されているのは、こうしたレベルにおける国家の責任であるわけです。

　しかし、刑事裁判において被告人が属する国家の民事的な責任を取り上げることは、論理的には必ずしも不可能ではありません。むしろ、被害者の救済をできるだけ効果あるものとしようと思えば、国家から賠償を得られるような制度をつくることは大切であろうと思われます。実際、ICC規程を最終的に採択した1998年のローマ

---

(12) ICC規程25条1項は「裁判所は、この規程に従って、自然人に対して管轄権を有する。」と定めている。

会議に提出された原案では、加害者個人と並んで関係国家の賠償責任も盛り込まれていました[13]。しかし残念ながら、会議の大勢は、個人の刑事責任を審理する裁判所が国家の責任を問題とすることに否定的で、もしこれに執着すれば、ICC 規程の成立そのものが危ぶまれる状況でした。そこで、結局加害者個人の賠償責任だけに限定し、国家の責任は ICC の扱うべき問題から除外されたわけです[14]。

したがって、これからお話する ICC における賠償制度は、あくまで犯罪の加害者個人が被害者に対して賠償を支払う制度であるとご理解ください。ただ、誤解のないように申し上げますと、これは国家の賠償責任の問題を ICC が直接扱うことができないということであって、国家に責任がないと定めたわけではありません。事実、この ICC の制度が国家の賠償責任の問題に影響を与えていることについては、最後に「国家賠償への発展の可能性」としてお話をしたいと思います。

---

[13] Report of the Preparatory Committee on the Establishment of an International Criminal Court, Draft Statute and Final Act, UN Doc. A/CONF. 183/2/Add. 1 (1998), p. 140.

[14] ICC における賠償規定の成立過程については,F. Mckay, "Are Reparations Appropriately Addressed in the ICC Statute?", in D. Shelton ed., *International Crimes, Peace, and Human Rights : The Role of the International Criminal Court*, 2000, pp. 167-170 ; C. Muttukumaru, "Reparation to Victims", in R. S. Lee ed., *The International Criminal Court : The Making of the Rome Statute*, 1999, pp. 262-270.

3 ICCの賠償命令

それでは、具体的にICCにおける賠償の制度がどのようなものなのか、お話をしたいと思います。ICCの賠償には3つの特徴があります[15]。

1つは、ICCが有罪判決を受けた者に対して、刑罰の宣告とともに、被害者に対する賠償を命令する点です。ICCは、自ら被害者の損害の程度を算定し、賠償額を決定します[16]。そして有罪の判決

---

[15] 賠償に関するICC規程75条1項〜3項は、次のように規定する。
1 裁判所は、被害者への又は被害者に関する賠償（原状回復、補償及びリハビリテーションを含む。）に関する原則を定めなければならない。これを基礎に、裁判所はその判決において、要請を受けて又は例外的な場合には自らの発議のいずれかにより、被害者への若しくは被害者に関する損害、損失又は傷害の範囲及び程度を決定することができ、かつ裁判所が従っている原則を述べる。
2 裁判所は、被害者への又は被害者に関する適当な賠償（原状回復、補償及びリハビリテーションを含む。）を明記して、有罪判決を受けた者に対して直接に命令を出すことができる。
  適当な場合には、裁判所は、賠償の支払いが第79条に定められた信託基金を通じて行われるよう命令することができる。
3 本条に従って命令を行う前に、裁判所は、有罪判決を受けた者、被害者、その他の利害関係者若しくは利害関係国からの又はこれを代表する者の陳述を招請することができ、かつその陳述を考慮しなければならない。

[16] 「手続証拠規則最終案」の規則97では、「裁判所は、損害、損失又は傷害の範囲及び程度を考慮して、個人ベースで、あるいは適当であると認めるときは、集団ベースで又は両方で、賠償を裁

グローバル化する戦後補償裁判

を受けた者に対して、被害者にその賠償額を支払うよう命じるわけです。大切な点は、この賠償義務は有罪判決に付随しているということです。ですから、無罪の判決が出れば賠償を行う義務は生まれません。

このように、刑事裁判手続において、同時に民事賠償の問題を処理する手続は、一般に「附帯私訴」と呼ばれています。これは特に大陸法系の国々—たとえば、フランスやドイツ—の刑事手続において認められている制度で、英米法の国々—イギリス、アメリカ、オーストラリアなど—には存在しません。我が国でも、戦前の刑事訴訟法に同様の手続がありましたが、現在の刑事訴訟法上は存在しない制度です。英米法の伝統では、刑事と民事は全く別個のものと理解されており、これを1つの手続の中で処理することには心理的に相当の抵抗があったと言われています。皆さんもご記憶にあるかもしれませんが、数年前にアメリカで有名な元フットボール選手のO.J.シンプソンの殺人容疑に関する事件がありました。このいわゆる「シンプソン事件」で、シンプソン氏は妻とその友人を殺害したという刑事事件では無罪となりましたが、遺族の起こした民事賠償裁判では多額の賠償金を支払うことが判決されています。こうした事態は、附帯私訴がなく、刑事と民事が完全に分離されている英

定することができる。」と規定されている。また、同規則では、こうした損害等の範囲・程度を評価するための適当な専門家 (experts) の任命も、あわせて定めている。Finalized draft text of the Rules of Procedure and Evidence, Report of the Preparatory Commission for the International Criminal Court, Addendum Part I (2 November 2000), PCNICC/2000/1/Add. 1, p. 51.

米法の制度だから起こりうることです。しかしICCの場合には、附帯私訴の制度を持っていたフランスが、英米法の本家であるイギリスを説得し、結局両国のイニシアティブのもとで刑事裁判に付随して民事賠償を処理する手続が導入されたわけです。

しかし、国内手続の附帯私訴とICCにおける民事賠償では、その意味は大きく違っています。国内法の場合には、犯罪を行った犯人が刑事責任とともに民事賠償責任を負うことは当然のこととして確立しています。附帯私訴を行うか否かは、刑事手続と民事手続を統合して訴訟を簡素化し、効率を高めるか否かという問題にすぎません。ところが、国際法の場合は、個人が国際法上刑事責任を負うことは、先ほど述べましたニュールンベルグ・東京裁判以来確立していますが、個人の民事賠償責任まで国際法が直接に規律する制度はほとんど先例がありませんでした。ですから、刑事責任に付随して起こる賠償責任であるとはいえ、ICCにおける賠償制度は、国際法にとっては画期的な発展と言えるのです。

2つ目の特徴は、この賠償手続が被害者個人からの請求によって開始される点です[17]。これは、被害者個人が賠償請求権を持っていることを意味します。先ほど奥田先生からもお話がありましたが、これまで国際的な司法手続は、大部分が国家による請求を前提としてきました。したがって、自国の国民が被害者であっても、国家そ

---

[17] ICC規定第75条1項は、単に「要請を受けて」と言及するだけで、これが誰の要請を意味しているのか必ずしも明確ではない。しかし、「手続証拠規則最終案」の規則94は、「第75条に基づく被害者の賠償要請は、書面で書記局に提出されなければならない」と定め、これが被害者による要請であることを鮮明にしている。*Ibid.*, p.50.

のものが賠償請求に消極的であれば賠償が実現しない可能性があるわけです。国家は、国民個々の利益だけではなく、政治的、外交的な観点から国益も常に考えますから、場合によっては請求を完全に放棄してしまうこともあります。第2次大戦後に連合国が行ったことは、まさしくそうした行動だったわけです。

しかし個別的に見れば、実際に被害を受けた連合国国民が賠償請求権を放棄したいと希望したわけではなく、それが戦後補償裁判として噴出してきているのが現在の状況です。ICC の制度は、こうした個別的な請求に対応するものです。しかも、賠償額を算定する手続には、被害者本人、またはその代理人が参加することが認められており、ICC は被害者の意見を書面または直接の証言で聴取したうえで、賠償を命令するか否か、そしてするとして、その賠償額をいくらにするのかという決定を行うことになります。

3番目の特徴として挙げられるのは、信託基金 (Trust Fund) の設置です。この信託基金は、賠償の支払いの中継者として働くことになります。ICC の制度では、賠償金の支払いは原則として個々の被害者に対して行われることになっています。しかし、たとえば被告人が大統領として軍に一般民衆の殺害を命令した場合など、被害者の範囲が広く、個々の被害者に対する賠償が不可能であるか、あるいは実際的でないという事態も考えられます。そうしたときには、とりあえず信託基金に対して賠償金を支払うように命令されます。そして、後に個々の被害者が特定できれば基金から被害者個人に対して賠償が支払われますし、特定が不可能であれば集団的な賠償——たとえば被害者が集中する地域に病院や学校を建設するなどの地域振興策がとられるといったこと——が想定されています[18]。このように、信託基金があることにより、ICC は各事件に見合った柔軟な

賠償方式を決定することが可能になるわけです。

4 国家の役割

では、こうしたICCの賠償制度は、具体的にどのように実施されるのでしょうか。たとえば、ある国の元大統領—仮にAと呼びます—が、ジェノサイドや人道に対する罪でICCで有罪判決を受け、同時に被害者に対する賠償を命じられたとします。彼が進んでこの賠償に応じれば問題はありませんが、おそらくできるだけ自分の資産を残したいと思うのが普通でしょう。そうした場合、国内で行われるような財産に対する強制執行が必要になります。つまり、有罪判決を受けた元大統領Aの資産、たとえば銀行口座などを凍結して、これを被害者に対する賠償に充てるわけです。

こうした措置はICCが自ら行うのではなく、関係国家の協力を得ることになります。この国家による協力は、各国の国内法に従っ

---

(18) 「手続証拠規則最終案」の規則98の2項および3項は、次のように定めている。

2　裁判所は、命令を行うに際して個々の被害者への直接の賠償金支払いが不可能であるか又は実際的でない場合、有罪の判決を受けた者に対して、賠償金を信託基金に供託するよう命令することができる。信託基金に供託された賠償金は基金の他の資産と分離され、できるだけ早く個々の被害者に提供されなければならない。

3　裁判所は、被害者の数、賠償の範囲、形式及び方法に照らして、集団的な支払いがより適当である場合には、有罪の判決を受けた者に対して、信託基金を通じて賠償金の支払いを行うよう命令することができる。*Ibid.*, pp. 51-52.

て行われます。ここでは、いち早くICC規程を実施するための国内法の整備を行ったカナダを例にして、具体的な賠償の手続をご説明したいと思います。

　カナダでは、ICCに関連して2つの法律が制定されました。1つは「刑事相互援助法」[19]というものです。もう1つは、「人道に対する罪・戦争犯罪法」[20]です。先ほどの例で申し上げますと、仮にAがカナダの銀行に口座を持っていたとします。そうした場合、ICCはAに対して賠償を命令するとともに、カナダ政府に対して彼の銀行口座にある資産の保全を要請します。いわゆる資産凍結です。さらに、この資産に対する強制執行を行うことが求められます。こうした場合、「刑事相互援助法」第9条では、司法大臣が法務総裁―法務総裁というのは日本にない職責ですので説明が難しいのですが、とりあえず国の法律顧問、あるいは法律問題処理のトップとご理解ください―に対して、ICCの要請にこたえる権限を与えます。法務総裁は、これを受けて銀行口座のある州の裁判所にICCの執行命令を登録します。これによってICCの執行命令は、この州裁判所が下した執行命令と全く同じものとして扱われ、執行官によって執行されることになるわけです。したがって、被害者はわざわざカナダの裁判所に訴えを起こし、ICCの判決の承認や執行を要求する必要は全くありません。

　一方、こうして強制執行されたAの資産ですが、もう1つの法律である「人道に対する罪・戦争犯罪法」第30条により、カナダ国

---

[19]　Mutual Legal Assistance in Criminal Matter Act, *obtainable from* 〈http://laws.justice.gc.ca/en/M-13.6/72213.html〉.

[20]　Crimes Against Humanity and War Crimes Act, *obtainable from* 〈http://laws.justice.gc.ca/en/C-45.9/35245.html〉.

内に設置された「人道に対する罪基金」(Crimes against Humanity Fund) というものに振り込まれます。この基金から ICC、または先ほど述べた信託基金に資金が送られ、ICC はこれを被害者に賠償として支払うという流れになるわけです。

ところで、カナダの例を見ますと、この「人道に対する罪基金」というのは、単に ICC に資金を移動させるための中継点であるだけではありません。この基金を設置した「人道に対する罪・戦争犯罪法」という法律の主な目的は、カナダの裁判所が人道に対する罪や戦争犯罪を処罰することができるようにする刑事法規です。ですから、「人道に対する罪基金」は、カナダの裁判所で有罪の判決を受けた者の被害者に対しても賠償を支払うことを想定しています。つまり「人道に対する罪基金」は、ICC の事件については ICC への資金の移動の中継点として働く一方で、カナダ自身による裁判については、被害者への直接的な賠償の窓口の役割を果たすことになるわけです。こうして見ますと、ICC の賠償制度は単に国際的な制度をつくっただけではなく、国内的にも被害者を救済するための手続を整備するように働いていることになります。

5 国家賠償への発展の可能性

先ほどから、ICC における賠償は、被害者に賠償請求権が与えられるとともに、加害者個人に賠償義務が課されるというお話をしてきました。しかし問題となるのは、加害者個人が被害者に賠償を支払うだけの資産を持っているのかという点です。

各国で行われている戦後補償裁判は、必ずしも金銭としての賠償だけが目的ではなく、被害者自らが加害者や国の責任を追求し、客

グローバル化する戦後補償裁判

観的な裁判所によって国際法違反があったことを宣言してもらいたいといった、精神的・感情的な面での満足を求めている場合もあります。これだけに限れば、ICC の賠償制度は、先に述べたとおり被害者が裁判手続に参加できますので、その機能を十分に果たしうる制度だと言えます。

しかし、ユーゴスラビアやルワンダの経験から見れば、現実に補償としての金銭を必要としている人がいることは否定できません。働き手の夫や父を奪われた家族、身体に障害を負って仕事ができなくなった被害者は、枚挙にいとまがありません。しかし、ユーゴ国際刑事裁判所などの例を見ますと、裁判所で裁かれている被告人は必ずしも身分の高い政治家や将軍ばかりではなく、実行行為を行った末端の兵士である場合もあります。こういった兵士の生活は、被害者のそれとほとんど変わりません。こうした被告人に賠償命令を出したとしても、実際にはほとんど意味がないと言えるでしょう。ICC の場合には、おそらくもっと位の高い被告人だけが裁かれると思われますが、仮に大統領だからといって、場合によっては数千、数万におよぶかもしれない被害者を救済できるだけの資産があるとは考えられません。そう考えると、被害者を本当の意味で救済するためには、加害者個人の賠償に加えて、国家による賠償という制度がどうしても必要になると思われます。

先ほど、ICC では国家の責任は対象外になったとお話をしました。しかし、1998 年に ICC 規程が採択された後の国際社会の動きは、ICC 規程によって認められた被害者個人の賠償請求権という考え方をテコにして、国家賠償に道を開く方向に徐々に展開してきていると考えられます。

たとえば、ユーゴスラビア国際刑事裁判所の裁判官団は、2000

年夏に被害者に対する補償を強化するために裁判所規程の改正を含めた方法の検討を行っています。その結果は、昨年11月に国連安全保障理事会に対し「被害者の補償と参加」と題する報告書として提出されました[21]。注目されるのは、この報告書が、ICCの民事賠償規定はすでに「現在の法の状況を示している」と述べ、「国際法において被害者の補償を受ける権利は存在する」と結論している点です。これは、ICCの民事賠償制度が、すでにICCという枠を越えて、一般的な国際法上の制度となっており、ICCが扱う事件の被害者だけでなく、より広い範囲の被害者にも賠償請求権はあると考えていることを意味します[22]。そのうえで裁判官団は、被害者の権利としての補償を実現する経路として、加害者個人に加えて、国家からの補償も同列に論じています。

同じような考え方は、2000年4月に国際連合の人権委員会が採択した「国際人権法・人道法違反の犠牲者の救済に関する基本原則・ガイドライン」という文書にも見られます[23]。この基本原則は、名前のとおり、国際人権法の違反により被害を受けた者に対し

---

[21] Victims' Compensation and Participation, Appendix to the Letter dated 2 November 2000 from the Secretary-General addressed to the President of the Security Council (3 November 2000), UN Doc. S/2000/1063.

[22] *Ibid.*, p. 11.

[23] Basic Principles and Guidelines on the Right to a Remedy and Reparation for Victims of Violations of International Human Rights and Humanitarian Law, *Annexed to* the Final Report of the Special Rapporteur, Mr. M. Cherif Bassiouni, submitted in accordance with Commission Resolution 1999/33, UN Doc. E/CN. 4/2000/62 (18 January 2000).

て、賠償を含めて、どのような救済を与えるのかを列挙したものです。来年には国連総会において審議が行われる予定になっています。この文書では、軍の兵員などの公務員が行った違反行為については国家が被害者に賠償することを義務づけ、一方で違反が私人によって行われた場合には、違反した加害者個人が賠償を行うように定めています。加えて、これは非常に注目されることですが、加害者個人が賠償できない又は賠償する意思がない場合については、国家が加害者個人に代わって賠償を行うよう努力しなければならない、と規定しています[24]。

この「被害者の補償と参加」も、人権委員会が採択した「基本原則」も、法的な拘束力を持った文書ではありません。その意味では、両文書が個人の賠償請求権に対応して国家の賠償義務を挙げていることが、直ちに現在の国際法であるとまでは言えません。しかし、少なくとも、国際人権法・人道法の問題に最も関連する国連機関であるユーゴ国際刑事裁判所と人権委員会がそうした考え方を示したことは、今後の発展の道筋を示すものとして極めて注目されます。

結　び

以上、ICCにおける賠償制度を簡単にお話してまいりました。総じて言えば、ICCの民事賠償は、これまでの国家を基本とした賠償が、被害者救済の目的に十分対応できていない現実を打開する必要から生まれてきたと言えます。そして、それは日本を含め、近年世界各国で起こっている戦後補償裁判が直面してきた法的な壁を少し

---

[24] *Ibid.*, pp. 9–10.

第3章　将来の戦後補償裁判は大丈夫か？

でも突き崩そうとする運動の成果でもあります。実際、ICCにおける被害者の救済手続は、数年間続いたICC規程の準備作業を通じて、人権関係のNGO、補償問題に携わってきた弁護士グループなどが、粘り強く被害者の救済を訴え続けてきた結果であることは明らかです。

　しかし他方で、国際的な賠償制度だけで被害者が十分に救済できると考えることは、楽観的にすぎると言えるでしょう。制度のうえからも、また人的・物的資源のうえからも、ICCが扱うことのできる事件には限界があることは明らかです。そうした点で、実際には国家の責任に基づく賠償や、国内法上の制度による救済まで含めた、複合的な救済のための制度構築が必要になると考えられます。事実、先にお話したユーゴ国際刑事裁判所の裁判官団や国連人権委員会の対応は、そうした複合的な救済への方向を指し示していると考えられます。

　理想としては、今問題となっている戦後補償の原因となるような事態が二度と起こらないことが望ましいわけですが、たとえ不幸にしてそうした事態が発生した場合でも、被害者に十分な救済が与えられるような将来の制度をつくり上げることが何より大切であろうと思います。ICCの賠償制度は、そうした発展に向けての、最初の、しかし極めて重要な一歩であると申し上げて、ひとまず私の話を終わりたいと思います。

第4章 討　論

　　　　　　　　　　　　　　　司会　山口二郎

　山口　それでは、後半のパネルディスカッションに移りたいと思います。

　まずパネリストの方をご紹介します。前半の基調講演をしていただいたお三方、ケント・アンダーソンさん、奥田安弘さん、古谷修一さんに加え、弁護士の高崎暢さん、北大法学研究科のスタッフで中国外交史の専門家である川島真さん、それに司会兼コメンテーターということで私が参加することになります。

　まず、コメンテーターが各10分ずつコメントをし、ディスカッションを進めてまいりたいと思います。そのうえで、会場からもいくつかご質問をいただいておりますので、それを紹介しながら議論していきたいと思います。では、まず高崎さんにコメントをお願いします。

弁護士としての立場から

　高崎　弁護士の高崎です。私は、中国人強制連行訴訟の弁護団の一員です。

　先ほどの奥田さんの報告にもありましたように、1990年代から戦後補償を求める裁判の動きが活発になってまいりました。その背景事情というのはいろいろあるかと思いますが、そこは省略させて

グローバル化する戦後補償裁判

いただきます。

　中国人強制連行をはじめ、慰安婦の問題あるいは731部隊等々の戦後補償の裁判について、全国的な弁護団つくりを進めております。その中で、とくに中国人の強制連行は、今、全国7ヵ所の裁判所で裁判が進められております。その1つが北海道訴訟です。ご存じだと思いますが、約3万9,000人の中国人が日本に強制連行されてきました。そのうち北海道に1万6,282人が連行され、強制労働をさせられました。それだけでなく、5人に1人の割合で再び祖国の土を踏めなくなったという悲惨な実態があるわけです。

　私どもはこうした戦後補償の裁判を進めていますが、先ほど奥田さんも言われたように、理論的には難しい問題がたくさんあります。したがって、この現状では、本当に勝てるのかどうかという見通しそのものが、非常に困難と思われます。

　しかし、一方で、今言った人たちが自分の意思に反して連れて来られた、しかも、単に強制連行されただけではなく、非人間的な生活のもとでひもじい思いをしながら長時間労働をさせられてきたという被害実態を前にして、はたして私たち法律家として、あるいは日本人として、この事実をこのまま歴史の中に埋もれさせてしまってよいのだろうか、という思いで弁護団をつくって今やっているわけです。連れて来られた中には、11歳、14歳といった少年たちもおりました。一方では、ある日突然家族を連れて行かれた人たちの思いを考えると、その被害の実態はもっと悲惨であります。中国人風に表現すると、「残された家族は悲しみのあまり毎日泣いている。そのために目がつぶれてしまった。」というような言葉で、その被害が語られています。

　また、強制連行された人たちが無事に戦後祖国に戻った後でも、

第4章 討　論

強制労働のために体を壊した、あるいは身体的な障害を負い、生活ができないということで、自らの命を絶った人たちもいます。あるいは、文化大革命の際に、敵国日本に行って労働してきた、しかもお金をもらってきたのではないかというレッテルを張られ、名誉を侵害された人たちもいました。すなわち、強制労働をさせられたうえ、無事帰国したのに、そういう不名誉を背負わされたので、自分たちの名誉を回復したいという思いが強く私たちを動かしました。

今5つの企業と国を相手に裁判を行っています。この裁判を通して、再び戦争を起こさない、再びそのような悲惨な状態をつくらない、あるいは、隣国の中国を含めたアジアの諸国と友好を確立するためにも、国や企業に責任を認めさせ、この裁判に勝たなければならないという思いを持っております。

しかし、残念ながら国は、事実すら認めないという態度です。訴状の中に私たちは侵略戦争だと書きました。侵略戦争かどうかというのは評価の問題ではありますが、中国に進出した事実すら国は認めようとしません。そういう日本政府の態度に対して、私たちはその責任をはっきりさせることが必要だと思っております。

また訴訟では個々の原告になった人たちが救済されるだけであり、中国全土で約4万人の日本に強制連行された人たちの権利がすべて回復されるわけではありません。しかし、1つ1つの裁判の勝利を積み重ねることにより、補償基金という方法を通して、裁判を起こしていない被害者に対しても補償ができないだろうか。そしてまた、さらにそれを進めていき、日本の国に戦後補償立法という法律をつくり上げ、戦後補償問題を解決することができないだろうか、という見通しも一方でもちながら、私たちは裁判を進めています。その裁判に勝つためには、アンダーソンさんが説明してくれたアメリカ

の「クラスアクション」にも、私たちが参加できないだろうか。そういう方法が有効ではないのかということも検討してまいりました。

それから、ドイツに行き、ドイツの補償基金の成立過程などもつぶさに調査してまいりました。そのような調査・研究をする中で、やはり1つ1つの裁判に勝っていくことが全ての第一歩であるという確信をもちました。したがって、勝つことが目的ではなく、それが第一歩であるということで、今私たちは裁判を進めております。

先ほど奥田さんも紹介されました劉連仁さんの判決で、ごく一部ではありますが、1つの光が見えてきました。除斥期間の適用を排斥するという判例理論が、日本の裁判史上、唯一であったとしても、出てきたということです。あるいはじん肺訴訟の中で、時効を適用しないという判決も出されました。慰安婦の問題では、除斥期間で負けましたが、あの事実は違法であると認定した判決も出されています。

そのように、1つ1つの判決で一歩、あるいは半歩かもしれませんが進んできているのが実際であります。その裁判の進んでいるテンポは遅いかもしれませんが、1つ1つ積み重ねていけば必ず勝利するという確信をもちながら弁護活動をしています。

歴史学の立場から

川島　　中国の外交の歴史を勉強している川島と申します。今日の3本のご報告、そして今の高崎さんのコメントは、どちらかというと法律の理論、枠組み、さらには実務という観点からのお話であったと思います。私は翻って、山口さんがこのシンポジウムの始まる際におっしゃられた大きな問題の方から、つまり戦後補償問題

第4章 討　論

全体をどう考えるのかということについて、少し大きな観点からコメント申し上げたいと思っております。

　山口さんのお話の中で、前回のシンポジウムの中で東アジア、あるいは国際社会の中における責任の取り方、戦後補償問題における責任の取り方が見えてきたのではないか、あるいは、責任の取り方に関するグローバルスタンダードというものが出てきているのではないかというお話がございました。今日のアンダーソンさんのお話では、アメリカにおいても、またヨーロッパにおいても、アジアとではかたちが違うというご指摘があり、そして古谷さんのお話でも、まだまだこうしたルール作りについては、先が見えなかったり、あるいは未来なのか現在なのか過去なのかという時間の問題があるといったことが指摘されておりました。

　私もよくアジアを歩いておりまして、しばしばこの戦後補償の問題に直面します。そうした際に私自身が申し上げているのは、この問題というのはおそらく3つの問題、あるいは次の3つの方面から解決するしかないだろうということです。1つは、今日お話があった裁判、あるいは司法の場。もう1つは、政治的な解決。あともう1つは、国民の世論を含めた運動、この3つがあるだろうと考えております。しかし、この3つのうちのどれか1つを選択していけるというわけではなく、それぞれがそれぞれのよいところと限界の双方を持ち、絡み合いながら先に進むものであろうと感じております。とくに東アジアの問題においては、日本の中でこの問題を一生懸命解決しようとしても、その問題がきちんと発信されないということもまたあります。あるいは、その情報が届かないということもあります。

　中国におりますと、たとえば日本での裁判の判決がきちんとした

グローバル化する戦後補償裁判

法律の内容として、つまり何々法のどうのということが伝えられないまま、日本が戦争の責任を認めたか、認めないかという内容がまず伝えられます。この点について、奥田さんから日本のマスコミもそうした面があるという批判がありましたが、中国のマスコミや中国の議論においてもそうした面があるわけです。つまり、日本の国内においてそうした法律的な問題を一生懸命積み上げていったとしても、それが法の積み上げの問題として東アジアでは議論されないという問題があるのです。

先ほど、高崎さんからアジアの国々との友好の問題が挙げられましたが、アジアの国においての友好というのをこうした司法の場で図っていくとするならば、やはり司法の制度、あるいは司法の情報を日本が海外に発信していかなければならないと思います。もちろん、一部においては司法の結果を英語などで発信しているものがあると思いますが、そのあたりの努力を怠っていては、これも国内問題と見られがちなわけです。そうしたことをやらなければならないだろうという気がしております。

加えて、アジアの国々はヨーロッパの国々とは位相を異にしており、現在ネイションビルディングの真っただ中にあります。まさに国家が、その国ができてくるような神話をつくったり、あるいは集団としての記憶をつくらんとしている最中にあるわけです。そうした人々に対して、いかに記憶・記録を語っていくか、非常に難しい問題があります。つまり、歴史というものが記録の中に客観化されているかが問題になるのですが、個人的な記憶、あるいは国家としての記憶づくりが所謂「実証史学」よりも優先されるということが、アジアの中ではまだ当たり前のようにあります。これは良い・悪いという問題ではありません。日本の歴史学では、すでに国家の時代

第4章 討　論

は終わった云々ということを言いますが、そうした問題は必ずしもアジアの国々では普遍的ではないわけです。

　そうしたことも踏まえながら、そして個々の国々における歴史のあり方、あるいは記憶づくりのあり方の問題を考えながらこの問題を処理していかなければ、また日本のひとり相撲と思われかねないわけです。

　歴史学としては、たとえばアメリカのコロンビア大学の有名な歴史学者であるキャロル・グラッグは、「最近は歴史が記憶に負けてしまっている」と言っています。これはどういうことかというと、先ほど高崎さんがいみじくも語ったように、個々の人々のさまざまな記憶、非常に悲惨な体験の記憶というものが大きくクローズアップされていく中で、歴史学が対象とするような個々の事件が逆に埋もれてしまうということを指しています。

　先ほど高崎さんから、こうした悲惨な歴史の事実を歴史の中に埋もれさせてよいのかという問題提起がありましたが、まさにそのとおりです。しかし、私は違う側面を申し上げたいと思います。私自身は、数年前にアジア女性基金の委託を受けて台湾に行きました。台湾にある中国の記録を見て、日本軍が中国において犯した従軍慰安婦関係の罪状を調査しました。実は、中華民国（日本の戦った相手）は1943年以降、戦争の被害状況に関する記録づくりを一生懸命進めておりました。各地で、刑事面、民事面それぞれにおいて、いかに日本が悪いことをしたかということを記録で表すということをやっています。南京虐殺についても、だれがどこでどのような殺害なり暴行を受けたか、あるいは殺害を受けた結果、たとえば棺桶1つ、葬儀費用が一体いくらかかったか、ということまできれいに調査をし、記録をつくっています。そうした記録の中に、当然なが

ら日本軍が女性に加えたさまざまな行為もあるわけです。

　これは、決して高崎さんあるいは今までの話を否定するわけではなく、全く同調していることを前提として申し上げるのですが、歴史家としてはそこに残された記録というのは、同時代史的なコンテクストの中に見えるのです。つまり、実はそのときの女性に対するさまざまな暴行の記録というのは、殺害であったり、あるいは単純な暴行の話が大量にあるわけです。しかし問題は、従軍慰安婦の調査となると、その中から連行されてどこかで慰安婦的な行為をするということだけを発見するための作業になるわけです。それがまさに現代社会では非常に大きな意味を持つことであるかのような感覚の中で、膨大にある「殺害」「暴行」という言葉を飛ばしていくことになります。各村々の調査を見ていくと、殺人記録が膨大にあります。結局、私がみた数千人の殺害記録の中で、さまざまな殺害記録・暴行記録の中のたった1件の、おそらく慰安婦であろうというものを見つけ出す、発見するという作業をやったわけです。

　ここで公開してよいか分かりませんが、そうしたことに対する疑問、つまり、大量にあった暴行記録などを見過ごして1件の慰安婦記録というものを見いだすことに多少疑問を覚えた、という報告をアジア女性基金に提出しましたら、この報告記録は受理できないといって訂正を求められました。私はさんざんごねて最後は通しましたが、いったい何のためにやっている調査なのかということが倒錯します。今の社会において大事であるところ、あるいは記憶の中で語り伝えられてくる大問題というものから過去に返ったときに、過去にあるそのものの姿というのは必ずしもその記憶に則したものではない。そこに私としては、歴史家の戸惑いというものを感じます。それが、まさにグラッグの言った「歴史が記憶に負けてしまう」と

いう話ではないでしょうか。

　これが裁判の話にどうかかわるのかと言われると難しいところもありますが、裁判を起こす側の人たちというのは、まさに記憶のところで起こしているわけです。ところが、裁判それ自体のプロセスは、おそらく記録に近いところで勝負するのだと思います。奥田さんが、「歴史認識の問題を裁判に中に持ち込まない方が」とおっしゃいましたが、まさに私も全く賛成です。おそらく裁判のプロセスというのは記録の方で、まさに記録重視の歴史学の方で勝負するのだと思います。ところが、いったん判決が出ると、それがまた記憶に返ってくるのです。その記録と記憶の往復のプロセスというのは、おそらく裁判にも影響するだろうと思い、このようなことを申し上げた次第です。

　司法の場を離れてしまいましたが、私は初めに申し上げた戦後補償の問題をどう考えるかというときに、司法の問題、あるいは裁判の問題、そして政治の問題、あるいは国民の運動、世論の問題がある中で、司法の持つ可能性が一体どのあたりにまでくるのだろうかという問題と、歴史学者としての1つの戸惑いを申し上げました。以上です。

政治学の立場から

　山口　　では、次は私が少しコメントを申し上げたいと思います。
　現代政治を中心に分析・発言をしている私が、なぜこの問題に関心を持っているかというところからお話しをしたいと思います。ずっと日本の政党政治の改革を考えてきた中で、歴史にどう向き合うか。あるいは、とくにドイツとの比較において、戦争責任・補償

グローバル化する戦後補償裁判

責任というものをどう果たすかというのは、日本の政党政治にとって、言ってみれば一番の積み残された宿題であります。

　歴代の自民党政権がこの問題をずっと避けて通ってきた。あるいは、過去の日本国家が犯したさまざまな罪と向き合うことを避けてきた。むしろ隠ぺいするようなことをやってきたところに、同じ敗戦国でもドイツの保守政党との大きな違いがあります。とくに冷戦が終わったあと、本当の意味で日本が近隣諸国と協調関係をつくっていかなければならないときに、歴史の総括というものが日本の政党政治にとって大きな問題である。これをクリアしなければ日本の政党政治はまともなものにならないという認識を持っています。

　私は、90年代以降の戦争責任や戦後補償をめぐる論議が政治過程の中でどのように扱われてきたのかという問題と、責任というものをとくに政治の観点からどう考えるかということについて若干申し上げたいと思います。

　90年代を振り返ってみますと、戦争責任なり戦後補償に対する日本政府の責任ということについては、ある種逆転現象、あるいはバックラッシュ（後退）があるように思います。90年代前半というのは、日本の過去の犯罪について責任を考えるという傾向があったわけです。宮沢政権のときに、従軍慰安婦問題について政府自身による調査が行われました。その後、細川連立政権ができ「侵略戦争」という言葉を日本の総理大臣が初めて使いました。つまり、8月15日というのは単に日本の死んだ兵隊さんを弔うだけではなく、アジアで戦争に倒れた多くの犠牲者を悼むというように意味を振りかえようとした。

　その後、自民党と社会党の連立で村山政権ができ、この村山政権のもとで戦後50周年を迎え、当時の村山総理大臣が「50周年談

第4章 討　論

話」というものを発表し、一応中国・韓国等から評価をされたという経緯があります。

　私の個人的な経験で申し上げますと、村山政権ができるとき、当時の社会党といろいろつきあいがありましたし、村山政権、自社連立というものがあのときのよりマシな選択肢だということを盛んに言った手前、いろいろと自社政権における問題処理等について物を言う立場になりました。

　あのときの政策決定の力学を振り返ってみますと、一度野党に転がり落ちた自民党が社会党と手を組むことによって政権に復帰したということは、実に大きな意味がありました。社会党が長年追求してきた慰安婦問題や戦後補償、過去の懸案問題の処理については、自民党もかなり協力的だったわけです。あるいは、野中広務という人は何かと批判もされていますが、こと歴史問題については誠に正直というか、率直、誠実な人でした。そういった人が連立政権のキーマンになったということも併せて、政治的な環境がだいぶできたわけです。そして慰安婦基金というものをつくることになりました。

　この村山政権のころの補償というのは、法的責任を棚上げし、実質的な被害者救済を図るということでした。これは慰安婦問題だけではなく、たとえば水俣病の未認定患者の救済なども同じです。長年戦後政治の中で政治の不作為によって社会の底辺で苦しんできた人たちに対して、何らかの政治による救いの手を差し伸べるということが、ようやく自民、社会両党による連立政権、村山政権によって政策課題に浮上してきたという構造があるわけです。

　他方で、実際に政策決定を行う官僚の持っている法的な論理の枠組みというのは非常に堅固であり、その政治的な力学も公的な枠組

みを突破することはできなかった。したがって、慰安婦にしても水俣病の問題にしても、政府の責任というものは一切認めていないわけです。そして、慰安婦であれば民間基金をつくる。水俣病の問題であれば財政投融資からチッソにお金を貸し付け、そこから見舞金を払う。したがって、補償のお金というものの性格が、不法行為に基づく賠償というものより、気の毒な人に対してお見舞いをするという性格を持った。これが、長年救済の運動をしてきた方々から見れば非常に不満だったわけです。

　私たちがわりと近いところで見ていると、自民党の頭の古いタカ派の政治家から何とか同意を取りつけて、あのような仕組みを作ることだけでもものすごく大変だったことがよく分かります。一方で、長年一生懸命慰安婦なり水俣病なり、被害者のために運動してきた人がものすごい批判を浴びせてきて、「こんな金もらうな」ということを言われると何ともやりきれない感じがしたわけです。私個人としては、あれが本当に限界であり、官僚の持っている法的論理の枠組みを突破するには、中途半端な自社連立などではなく、もっと本格的なきちんとした政権をつくり、新しい立法措置なり何なりを講じていく。そこまでの政治的な力がなければだめだ、ということは感じたわけです。

　とりあえず、私は村山さんのもとで戦後50周年の節目を迎えたことはよかったと思っています。自民党なり保守政治の側が、責任を認めるかどうかあいまいなかたちで実質的な補償というところに歩み寄ってきた。それに対して、社会党というか長年の護憲派、平和運動の側は、自衛隊合憲論・安保容認論ということで歩み寄ってしまった。問題は、90年代後半にそれが、いわばうっちゃりをくらうようなかたちで問題の議論の構造が変わったというところです。

第4章 討　論

　実は、細川政権ができて「侵略戦争」ということを日本の総理が言ったころ、それに非常に敏感に反応した自民党の右翼的というかタカ派的政治家のグループがいたわけです。その人たちが、後に「自由主義史観」と呼ばれるような運動をしている学者と組んで、研究会をずっとやっていたわけです。

　そして政治の力関係で言えば、社会党がどんどん衰退し、自民党がまた単独で政権をとれるような構造になってくると、社会党的な主張に対する配慮はもういらないというかたちになり、むしろナショナリズムの揺り戻しという現象が表れてきました。それは、昨今の教科書問題、靖国問題等々というかたちで表れ、皆さんご存じのとおりです。

　なぜそういうかたちで反動、巻き戻しがあったのかということですが、詳しくは、昨年のシンポジウムをもとにした岩波ブックレットの『グローバリゼーションと戦争責任』という本をご覧いただきたいと思います。日本の90年代後半の経済を中心とした閉塞状況が、ある種いやしとしてのナショナリズムを求めている。あるいは、アメリカ発のグローバリゼーションで日本がいろいろな意味でやられている。いたぶられているという被害者意識が、丸山真男（まるやままさお）の言葉を使えば「抑圧移譲」というかたちでアジアに対する優位性を求める運動として表れているとか、いろいろな説明の仕方はあると思います。

　そういう中で、戦争責任や戦後補償の問題について日本の非を認める、責任をきちんと果たしていく。あるいは、きちんと謝罪をしたうえで真の和解をしていくことについて、むしろ状況は悪くなってきているという現状があるわけです。

　そういう状況の中で、日本の責任をどうとらえ、またどう果たし

グローバル化する戦後補償裁判

ていくのかという問題について、いくつか問題提起をさせていただきたいと思います。1つは、法的決着というのは非常に難しいということ。高崎さんをはじめとして、献身的に裁判をなさっている方々のご努力は誠に痛いほど伝わってくるわけですが、日本の裁判所を相手にこのような裁判を繰り返すことで、どこまで問題を解決できるのかということです。裁判というのは、情報を掘り起こして、国民に対してある種の教育なり啓蒙をするととらえた方がよいのではないかということが1つです。

　2つ目は、立法論というものをどう具体化するかということです。そういう面では、政治状況はむしろ逆風状況ですが、やはり冒頭の話でも触れたように、責任というものをきちんと果たし、日本の政治指導者というものが歴史をどうとらえ、国家のかつての犯罪に対してそれをどう償っていくのかということについて、ある種の常識、あるいはコードのようなものをきちんとつくり、そのうえで日本の政治指導者がグローバルな舞台で活動するといった、政治のリーダーシップの改善というか高度化、そういう問題に取り組むしかないわけです。そういう意味では、国内の議論、政治の議論というものを頑張って続けていかなければならないのです。

　3つ目は、戦争責任や戦後補償という問題を考えるうえで、戦後生まれの日本人にとって責任とは何なのかということを考えなければならない。その点は、法的にどのようになるのかということについて何か示唆があれば伺いたいと思います。要するに、親や祖父母の世代がやったことについて、なぜ今私たちが責任を取らなければならないのかという議論が1つはあるわけです。それについては、高橋哲哉さんが「戦後責任」という言葉を作って反論しています。法的なアナロジーを使えば、戦後生まれの日本人というのは戦争責

任・補償責任をおこたることによって達成した繁栄というものを相続していると私は考えています。プラスの面の相続があれば、必ず負債も相続しなければならないというアナロジーで、戦後世代の責任というものを考えなければならないのではないかと思っています。その点について、法律の方からはどのような議論が可能かということについて触れていただければと思います。

　長くなりましたが、私のコメントはこのぐらいにいたします。3人のコメントが出たところで、一度報告者の方々にそれをどのように思うか、何かコメントに対するお答えなり感想があればおっしゃっていただきたいと思います。順番はだれからでも結構ですが、いかがでしょうか。では、奥田さんお願いします。

事実認定の意義

　奥田　すべてには答えられないと思いますが、今、お話を伺いながら考えたことを申し上げます。まず、裁判が戦後補償問題全体のなかで、どのような役割を果たしうるかという点ですが、技術的に言えば、裁判は、原告と被告、当事者間でしか効力がありません。そして、戦後補償裁判で原告になっているのは、正直申し上げて、被害の事実が明らかであるごく一部の人たちです。

　事実関係について言いますと、国の側は、そもそも原告の請求が全く法的根拠を欠いているから、裁判所は事実認定をする必要がない（請求自体失当）と主張しております。すなわち、そもそも請求権がないならば、被害の事実があったことも明らかにしなくてよいというのです。したがって、原告弁護団が本人尋問の申請をしても、そんなものは必要ないと言っております。

グローバル化する戦後補償裁判

　幾つかの事件では、この国側の主張が認められ、事実認定をしないで原告敗訴の判決が言い渡されていますが、本人尋問の申請を認めて、被害の事実を認定した判決もあります。たとえば、南京事件などに関する東京地裁判決は、法理論的には非常に拙劣な内容ですが、原告の人たちが南京事件や731部隊での人体実験の被害者である、という事実は認定しました。したがって、事実を明らかにするという面では、一定の役割を果したと言えます。また、この判決は、当時の日本軍の行為が国際法に違反していたことも、はっきり述べております。

　幾つかの判例は、このように被害の事実と国際法違反を認めていますが、その先が問題なのです。国際法上の請求権はあるかというと、それはない。それから国内法ではどうかといえば、国家無答責だから責任がない。そこで、川島さんのコメントにあったように、裁判所は日本政府の責任を認めなかった、という結論だけが大きく取り上げられるのだと思います。また、法律的な責任がないということになると、日本政府は、道義的な責任しかないのだから、たとえ何らかの金銭を支払っても、これは見舞金だとわざわざ言うわけであり、そこがいつまでたっても戦後補償問題の解決しない理由だろうと思います。

　山口さんのコメントにあった、それではなぜ世代が交替した現在のわれわれが一世代前の人たちの責任を負わなければならないのか、という点ですが、法律的に言えば、国民の世代交替があっても、国家は1つの独立した法人格ですから、戦前の債務は、時効や除斥期間などで消滅しない限り、現在も負い続けることは当然と言えます。

　ドイツにせよ、日本にせよ、戦前の国と戦後の国が同一であることは疑いのないところであり、たとえば戦前に両国が締結した条約

92

などは、とくに廃棄を通告していない以上、当然のように、戦後も効力を維持しております。すなわち、責任を負うのは、個々の国民ではなく、国家という独立の人格であり、実質的には、損害賠償金はわれわれの税金から支払われるのですが、昔の世代の責任を負う必要はない、という議論は通用しないことになります。どうも法律的に説明してしまうと味気ないので、もう少しどなたか補足して頂ければと思います。

外圧としてのアメリカの裁判

　ケント　　少し付け加えさせて頂きます。川島さんがおっしゃった裁判・政治・国民の運動という3つの問題は、すべて日本の裁判、日本の政治、日本の国民の運動と理解しています。今日の私の役割は、アメリカの状況を紹介することだけだったので、今から意見を言うことは、かなり難しいと思います。

　ただ、アメリカの裁判は、たしかに現状では、原告側の敗訴で終わったように見えますが、この問題に対するアメリカの裁判所の役割は、判決に至るまでの外圧としてのものではないかと思います。

　アメリカの裁判では、原告は、アメリカ人の元捕虜であるケースと、アジア諸国の人のケースがあります。そのアジア人が原告となった裁判では、アメリカが外圧の役割を果たすのは良くないと言えるでしょう。しかし、元捕虜が原告である場合は、アメリカの裁判所は、外圧として意見を言うチャンスがあります。それは平和条約の解釈です。そのような観点から、私は連邦裁判所の判決に賛成しています。国の責任という話で言うと、私は、今日、アメリカの立場にしか立っていないので、それしか言えないと思います。

グローバル化する戦後補償裁判

国際裁判における記録と記憶

　古谷　川島さんから、記録と記憶の乖離ということが言われています。先ほど、国際刑事裁判所のお話をしましたが、ユーゴスラビア、ルワンダでも同じような状況があります。国連内でも、犠牲者に対してどのようなケアをするのかというとき、やはり記録の問題と記憶の問題、さらに具体的な救済の問題というのが出てきて、この３つを完全にフォローできるようなシステムがないと考えられています。正確な記録を残そうとすると、どうしても犠牲者は単なる記録の一部にすぎなくなります。しかし、犠牲者にとってみれば、その記録はすべての生涯を決するような大きな記憶なわけです。こうしたトラウマのようなものをどうやって脱却するかという問題は、単に記録を取っているだけでは救済されない点です。一方で、実際に金銭としての救済が必要であるという点を、どうやってフォローするのかも重要です。単に記録を取っているだけでは救済はできません。どの紛争でもそうですが、この３つのどこに比重を置いて紛争後の犠牲者の救済をするのかという問題はあるわけです。

　そうした観点で、国際刑事裁判所に対して向けられる１つの批判は、これが極端なリーガリズムに基づいているというものです。つまり、法律によってすべてが救済できるという考え方は極めて西洋的な考え方であり、これをそのまま東洋やイスラムの社会に持ち込めるのかどうかという疑問もあるわけです。日本の戦後補償の問題にも、そういったリーガリズムですべてが救済できるのかどうかという問題があるだろうと思います。

　たとえば、皆さんもご存じかと思いますが、今国連は、ポルポト政権下でのジェノサイドを裁こうとして、実際にカンボジアで裁判

第4章 討　論

システムをつくろうとしています。これなどは、西洋的なリーガリズムをカンボジアに押し付けるものであると言えなくもありません。国内的にはある程度まで心理的に解決されてきたようなものが、きちんと白黒つけようという外側からの圧力によって、もう一度蒸し返されるおそれはあるでしょう。それが本当にカンボジア人が望んでいることなのかどうか、はっきりとは言えない側面があるわけです。

　そういう点で、今日お話したわれわれ3人は皆が法律家ですから、法律的側面で議論をしていますが、裁判が持っている機能と限界というものをはっきりさせる必要があると私自身は思っております。すべてを法律ないし裁判によって解決するのは無理があります。何かそれに付け加えていって、政治も含めて、どうやったら全体の構造の中で被害者の満足が得られるのかということを考えていく必要があるだろうと思います。

裁判の役割とは？

山口　ありがとうございました。今の問題、裁判の役割とは何かというのは非常に中心的な論点だと思います。この点について、高崎さんや奥田さん、ご意見をお願いしたいと思います。

高崎　直接裁判の現場で働いている者として、このような言い方は誤解を受けるかもしれませんが、やはり戦後補償という大きな問題については、司法の持つ機能だけですべて100％解決することは非常に難しいだろうと思っています。

　しかし、限界があるとはいえ、訴訟によって勝利すること、ある

95

いは結論が勝利でなくても、裁判所の事実認定として、慰安婦の問題は違法である、中国人の強制連行は国際法に違反する行為であるという事実を認定させること、そのこと自体の持つ意味というのは非常に大きなものがあります。

最初に私も言いましたが、一気にすべての問題が解決するのではなく、小さいことの積み重ねによって、この国の民主主義なり人権なりが豊かになっていくのではないかという気がするわけです。

先ほど出ていましたドイツの補償基金についても、ストレートに日本に持ってくればよいという発想は、私たちは持っているわけではありません。しかし、あのような基金構想というものは、日本においても解決手段として示唆するものがあり、大きな意味があるだろうと思います。しかし、そのままストレートに持ってこれないという前提には、先ほど奥田さんも言っていた戦後補償の一部であるという位置付けと同時に、やはり戦争責任に対する追求の仕方、戦争に対する反省の仕方というのが日本とドイツの戦後社会の中で全く違っている点にあると思います。同じ敗戦国でありながら、正反対の方向に動いてきているような気がします。その問題を抜きに私たちは考えられないのではないかと思っております。

もう1つは、日本の裁判制度そのものが非常に国民から離れたところにいる。戦後、ドイツの司法制度というのは裁判官の手によって改革されてきました。むしろ、裁判官は国民の生活をよく見る、人間をよく見ようというモットーのもとで動いていきました。その原動力はナチス司法への反省だったと思います。日本の場合は、逆に、より市民・国民から離れることが裁判官としての公正さを保つ、そのようなイデオロギーのもとで進められてきました。皇道司法に対する反省もされませんでした。そして現時点になってみると、大

第4章 討　論

げさかもしれませんが、同じ裁判制度が180度ぐらい違ってしまいました。そのような戦後政治の、あるいは戦後社会の動きの違いを、戦後補償問題についてもきちんと見ていかなければ、裁判の限界だけが強調されたり、すべて裁判に集中して、そこで負けてしまうと展望がないというような総括をしてしまう危険があるのではないかという気がします。

　奥田　先ほどからドイツとの違いというのが出ているので、それから話します。私の報告の中で申し上げたように、ドイツの場合は、被害者がユダヤ人であったという点が大きなポイントだと思います。ユダヤ人は、アメリカで非常に力を持っており、結局は、ドイツ政府もアメリカの圧力を受けて、戦争が終わってからすぐに戦後補償立法を行い、数次の改正を経て1956年の連邦補償法に結実したわけです。日本の場合は、被害者がアジアの人々であり、アメリカや日本の政治の中で力を持っていないという構造のなかで、放置されてきたと言えます。

　裁判の役割ということに話を進めますと、先ほども申し上げたように、一部の裁判は、日本軍の行為（加害行為）とアジアの人たちの被害を認定し、それが当時の国際法のルールに違反していたとはっきり述べています。しかし、結局のところ、法的な権利はないとして、敗訴判決を言い渡しております。

　そうすると、せっかく事実認定をしても、それが山口さんのいう一般市民への啓蒙的役割や政治家の行動規範にならないのではないか、と考えるわけです。つまり、裁判というのは、もともと非常に限られた役割しか果たしませんが、結論として原告側が勝訴しない限りは、マスコミにも取り上げられませんし、一般市民の目に触れ

ることもないでしょう。また政治家も、裁判所が法的責任を否定しているのだから、やはり自分たちは責任がないとか、道義的責任しか負わないというように、「法的」という言葉が抜けてしまうことになります。

そしてまた、山口地裁下関支部の判決（関釜裁判）のように、法的責任を肯定しても、1人30万円しか認めないということになるわけです。あれは、国会が立法を怠った「立法不作為」という理由で30万円しか賠償を認めなかったわけですが、その金額は、ちょうどドイツの基金の限度額と同じです。1人あたりの賠償金は30万。そのような金額では、やはりアジアの人たちにとって（金銭が目的でないとはいえ）、自分たちの被害はたったこれだけだったのか、これだけしか評価されなかったのかと感じるわけであり、その意味では、国の責任をきちんと認めたことにならないと言えます。そうすると、やはり劉連仁さんの時のように2,000万円認めろという要求が出てくるわけですが、これは金銭が目的ではなく、2,000万円という価値のある、それだけの償いをしたのだという点が重要になってくるのだろうと思います。

しかし、現実問題として、なかなか勝訴判決が出ない。裁判所が国には全く責任がないと言っておきながら、立法をした方がよいのではないかというのは、やはり矛盾だろうということを再度申し上げておきます。

謝罪の法的位置付け

　山口　補償の問題を考えるときに、今奥田さんのおっしゃったお金による賠償という問題と、それから、謝罪というか精神的な被害

者側の満足を求めること、つまり日本としてきちんと謝罪をするという精神的な問題の2つあると思います。この2つは、法的に見ると、どのような位置付けなのか。損害賠償でお金を払えというのは、法的にすぐなじむ話だと思いますが、謝罪というか精神的な問題は法とどうかかわってくるのかという点については、いかがでしょうか。

奥田　戦後補償裁判の原告の人たちは、もちろん金銭賠償だけでなく、謝罪も請求しております。法律的には、名誉棄損があった場合、金銭賠償と共に、名誉を回復するための措置が認められるので(民法723条)、とりわけ元慰安婦の人たちは、日本の主要な新聞に謝罪広告を出せというようなことも請求しています。

　それでは、謝罪広告だけでも認めればよいではないか、と思われるかもしれませんが、裁判所としては、謝罪広告を命じるためにも、やはり不法行為責任が成立する必要があり、結局のところ、国家無答責の法理によって、金銭賠償だけでなく謝罪広告まで否定されてしまうわけです。

　裁判所というのは、まさに法律を動かすしかないわけです。法的なもの以外で謝罪をしろとか、法的な根拠もないのに謝罪をしろというわけにいかないので、そこが一般の人から見ると少し分かりにくいかもしれません。

中国側の受け止め方

山口　よく右派的というかナショナリズムの側から、いつまで謝り続ければよいのかという言い方をして、この戦争責任の問題、

グローバル化する戦後補償裁判

補償の問題について反発する声があります。私個人は、それはちょっとおかしいと思います。日本という国は、村山談話を除いてきちんと謝ったことはほとんどないわけで、謝り続けるというのは、そもそも事実誤認だと思います。

しかし、過去の戦争の問題について、日本が償いをして、どのようにもっていくのかという着地点というのかゴールというのか。1個1個の裁判を積み重ねるという先ほどの高崎さんのお話はよくわかりますが、日本として、最終的に中国なり韓国なりアジアの国々とどのようになれば、この問題は決着するのかという話も必要なのだと思います。この点について、川島さんはとくに中国の文化や国民意識のようなものをよくご存じなので、そこから少し問題提起をしていただいて、法律的な論点をお答えいただきたいと思います。

川島 私が中国12億人を代表する権利があるかどうか分かりませんが、非常に難しいこととして2つあると思います。1つは、まだこの問題をテクニカルに論じる、あるいはこういう枠組みでこうすれば解決するのだろう、という見通しが立っていない点があります。

日本側がたとえば基金のようなものをつくって解決したとしても、それは直ちに何か日本はたくらんでいるのではないかというような、そういう猜疑心をあおることになってしまいます。まさに、いつまで謝り続ければよいのだという話につながりますが、謝るということについて条件を付けてはならないのでして、中国において謝るのならば、法的になどというような「的に」があってはならないので、もう一切言い訳なしという状態でしなければいけません。

つまり村山さんのときに、ああして（国内向けに）謝って平和友

第4章　討　論

好交流事業をはじめて、それはそれで評価はされる。しかし依然として抗議は続く、つまり中国側の方としては、それはそれとして評価するけれども、これで終わったということは、まだまだない。逆に依然として日本が記憶を喪失している最中において、記憶をつくっている中国としてこれでおしまいということは当分はないだろうと思うのです。ただ、日本側がそうしたことに対する問題解決への努力を惜しむ、つまり努力をしないのならば、それは直ちに攻撃をされることだと思います。努力をし続けている範囲において、ある程度まで許される。それを続けていくしかないということだと思います。ある時点における抜本的な解決方法、直ちに枠組みが提示されて、それで終わるということはないのではないかと考えられます。

　２つ目は、方法論的に、日本側が誠意を見せることをも考えるかは、それも日本側にゆだねられていているのだということです。今回の靖国問題を出すのが適切かは分かりませんが、日本側がどういうふうな姿勢を見せるかということを中国側はずっと待っている、見ているわけです。小泉首相が蘆溝橋に行くということをやって、それはそれでいいんじゃないかと言って評価をされる。でも、やはりこれでまた終わったわけではなくて、おそらくずっと日本側が誠意を見せ続けて、いつかもしかしたら解けるかもしれないというような段階に依然としてあるだろうというように、感覚的に思います。

　これは全く、枠組みの話ではありません。ただ、１つだけ申し述べたいことは、この問題に対して、中国の最近の官僚や政治家は、きわめて冷静になってきているということです。一部ナショナリズムはありますが、最近はむしろ日本の方が何か感情的ではないかと思えるほど、非常に冷静に日本を見ています。日本は見られている

101

ということ、これが大切だと思います。以上です。

高崎　今、川島さんが言われた問題は、私たちのように実際に戦後補償裁判をやっていく者にとっては、率直にいって虚しさみたいなものを覚えるところがあります。私たちは、最初に言いましたように、裁判を起こして、強制連行、強制労働の事実を裁判所に認めさせ、国と企業の責任を裁判所に認めさせることによって、最終的な解決というふうにはならないかもしれないけれども、今までの「借金」を返すことができるのではないか、「負債」を返すことができて、対等な立場に少しでも近づくのではないかと、そういう気持ちで裁判を進めてきました。それが正直なところであります。

判決で勝って、そしてできれば先ほど言った補償基金のようなかたちで、裁判を起こせない人も含めて、補償が行き渡るような、そういう制度を日本がつくることによって、負債を返すことができるのではないかという気はしていたのです。川島さんのお話のように、それだけでは次の課題が出てくるのではないかというようなことを言われると、なかなか気が重いところがあります。

しかし、それは次の歴史といいますか、次のアジア諸国民との新しいステップ、次の段階でのつきあいの方策を考えればいいことかなという面でも、私は少なくとも日本の裁判所が、正直に、あるいは国民の常識に沿ったかたちで、戦中やっていたその行為は違法である、きちんと賠償すべきであると判断することが大切だと思います。奥田さんやいろいろな研究者の皆さんが今、研究をしていただいている理論的な到達点からいくと、十分に成り立つ段階に法律的、理論的にもあると思うのです。

ただ、裁判所がその勇気を持ってくれるかどうかというところが

最大の問題ではあります。そこはちょっと置くとしても、やはり被害者全体に対する補償の第一歩となるような裁判所の判決が必要ではないかという気がします。

　　古谷　私は、国際法が専門なので、どうしても全体的な観点で考えてしまうのですが、この問題をアジアの枠組みの中で、つまり日本と韓国、日本と中国といった関係の中で処理する場合、言ってみればこれは加害者と被害者の関係ですから、完全に満足を得るというのはなかなか難しいだろうと思います。そういう意味では、客観的な第三者がどのように判断するのかということに、一番重要なポイントがあると考えます。この点では、たとえば国連の人権委員会は、慰安婦の問題についてずっと批判的なコメントを出しておりますし、そのコメントに日本がどう対応していくのかということは、言ってみれば客観的な基準をどうクリアしていくのかということに関連しているのだと思います。

　それをクリアしたとしても、中国の方々が満足するかどうかは分かりませんけれども、少なくとも日本としては客観的なラインをクリアしたことによって、対外的な責任を果たしたということはできるでしょう。被害者としての中国や韓国だけを見ていくと、どうしても悪循環が起こり、いつまでたっても救済が実現されないということになるだろうと思います。

　もう1つ重要なポイントですが、今まで議論されている方向に、日本政府をどう動かしていくのかという点があります。私は、これには外圧をどう使うかという側面があると思います。内側からは裁判を起こしていくという運動があるのでしょうが、外圧をどうやって起こしていくかということが必要で、そのためにはやはり国連、

あるいはその他の影響力がある国にどういった発信をこちら側がしていくのかということが重要だと思います。

もちろん中国や韓国からの外圧はあります。しかし、これは確かに外圧ではありますが、直接の被害者からのものですから、それに対して日本は逆にナショナリズム的な反応を起こしていく危惧があります。ですから、先ほど述べたことに関連しますが、客観的な外圧をどう作っていくのかということが重要ではないかと私は思います。

最終的な解決とは？

ケント 先ほど、高崎さんから「最終的な解決」という話があったように、やはりゴールが大事だと思います。ドイツの場合、基金の設立までにいろいろな経緯がありましたが、その目的は最終の解決でした。それがすごく大事なことだと思います。

英語では、Legal Peace という言い方があり、たしかに裁判の役割は大事だと思いますが、いつか最終のゴールを見つけなければならない、と私は思っています。そして、最終的な解決を見つけるためには、やはり国内だけでは無理ですし、被害者も積極的に参加する必要があると思います。現にドイツの基金の場合は、被害者（原告）が積極的に参加し、さらに NGO や政府も参加して、それで解決ができました。やはりその全員が参加をしないと、最終的な解決はありえないと思っています。以上です。

山口 奥田さん、いいですか。

奥田 アメリカの裁判がどうしてドイツの基金に結びついたのかというのは、いろいろな要素があると思います。私の報告の中で、

第4章 討　論

もともとドイツはユダヤ人に対しては賠償することを決めていたという話がありましたが、そういうゼロから出発したのではない、すでに核があり、その核を広げたというのが1つの要素であると思うのです。

　もう1つは、アメリカの裁判では企業が被告になったわけであり、ドイツ政府が被告になったわけではない。そして、ドイツの企業がたくさん被告になって、現実に世論のプレッシャーや、アメリカの官庁からのプレッシャーなどがあって、莫大な金額で和解をしていった。日本企業に対する訴訟では、今のところ、そこまでいってないのですね。ですから、アメリカの裁判は、ドイツの場合はうまくいきましたが、対日本の場合にうまくいくかどうかは、今のところ未知数であり、それに頼っていたのでは駄目だと思います。

　外圧としては、たしかに古谷さんの指摘した国連のプレッシャーなどもあると思いますが、たとえば、日本は婚外子差別などの問題について、国連の人権規約委員会や子どもの権利委員会などから改善勧告を受けながら、なかなかそれが成果に結び付かない、という状況があります。

　したがって、問題解決にとって、外圧はその要素の1つであろうし、裁判の結果もその1つだろう。それから政府や国会の動きも1つの要素だろうと思います。ちょうどアンダーソンさんが報告の最後に述べられたように、いろいろな歯車がちょうどうまくかみ合ったときに解決するのであろう、それを期待したいと思っています。

国際刑事裁判所の機能と組織

山口　　だいぶ時間も経過しましたので、フロアからいただいた

グローバル化する戦後補償裁判

質問を紹介して、お答えをいただきたいと思います。まず古谷さんのご報告に関連して、「国際刑事裁判所は第２次世界大戦のような昔の事件に対して遡及的に判断できるのでしょうか」という質問がありますが、いかがでしょうか。

古谷 答えは残念ながら「NO」です。国際刑事裁判所そのものは、先ほど申し上げた60ヵ国の批准が済んだあとに起こった事件についてのみ管轄を有するということになりますので、これから将来に起こる事件についてだけ管轄を持つということになります。

ただ、先ほど最後の方に述べましたけれども、国際刑事裁判所が民事賠償の問題に関して個人に賠償請求権を与えたという事実が、この第２次大戦の戦後補償の問題に全く影響を与えないのかというと必ずしもそうではないだろうと思います。

奥田さんからお話があったとおり、基本的に国際法は今までずっと個人の賠償請求権を認めてこなかった、つまり国家だけに賠償の請求権があるという考え方をとってきたわけです。それが１つの条約であるにせよ、個人の賠償請求権というのを認めましたので、この法理が広がっていくと、それによって過去の事件についても個人賠償請求権を認めるかどうかという議論が出てくると思います。もちろん、必ずそうなるとは断言できませんが、国際刑事裁判所が認めた個人の賠償請求権という考え方そのものが、一般的な意味での国際法の枠組みを変えていくという可能性は、私はあるだろうと思っています。

もちろん、これにはクリアしなければならない、いくつかの法的なハードルがあります。しかし、今後こうした考え方を積極的に使って、たとえばアメリカで裁判を起こすといった事態が起きる可

能性は否定できないと思います。

　山口　それから、同じ ICC に関連して、「裁判官はどうやって選ばれていて、またそのアカウンタビリティやトランスペアレンシー（透明性）はどうなっているのか」という質問があります。

　古谷　はい。裁判官は、基本的には国際司法裁判所の裁判官と同じように、締約国から選挙で選ばれることになります。実は、国際刑事裁判所の裁判官の選出は非常に複雑でして、刑法畑の人と国際法畑の人を混ぜて選出しなければならないという原則があります。ICC は上訴審を持った2審構造になっていますが、1審レベルの裁判官は刑法の専門家をできるだけ充てる。そして、上訴審レベルの裁判官は、国際法の裁判官を充てるということです。

　それからもう1つ非常に特徴的なのは、男女比率を極力均等にするということです。これは、女性に対する戦争犯罪が近年非常に注目されていることに原因があります。従軍慰安婦の問題も構造的には同じだと思いますが。そのために、やはり女性の裁判官を入れる必要が絶対にある。男性の裁判官には分からない側面というのがあるということです。そこで、女性の裁判官を均等に入れるという配慮をしていくことが求められているわけです。

　トランスペアレンシーがどうなのかというのは、ちょっとご質問の趣旨がはっきりしませんけれども、裁判官は客観的な選挙により選出されるということと、女性を入れて男女の比率を均等にするというようなことが規程上明確にされることにより、その透明性をある程度確保しようとしているとは言えるでしょう。

ODAの意味

山口　それからあとは、北大法学研究科のスタッフの方々から、いくつかご質問をいただいておりますので、これは直接、趣旨をご説明いただきたいと思いますが、まず小森さん、お願いします。

小森　小森と申します。奥田さんのお話の論点には基本的に賛成です。専門は国際法ですのでそれに関連してご質問します。はじめに、先ほどの議論で、座長の山口さんが言われたような謝る必要性の問題等々ということについて、国際法の議論から見ていきますと、とくに日本と中国との関係で言えば、日中平和条約を結んでいるということから見て、戦争問題の処理は、日中平和条約で解決している。したがって、戦争問題について繰り返し謝る必要は、外交的に、すなわち政府間レベルではないと考えています。

それでは、何のために謝っているのかというと、要するにその戦争をどういうふうに性格づけるかの認識の争いがあり、そこでそれぞれの国民の間にその認識に納得、サティスファクションがあるかどうかというレベルで違いがあって、その認識や満足の違いが解決されない限りで続く、謝るか謝らないかの争いであると思います。国家間関係の戦争に対する取扱いとして、あれを謝る必要があるかどうかということは日中平和条約で一応片が付いている。しかしその解決は言うまでもなく、外交的解決ですから、心情的なものとマッチするかどうかは全く別です。私個人は、心情的には日本が絶えず謝罪する問題であると考えます。

もう1つ、一般の人の理解では、心情的に謝ると改めて法的責任が発生するのではないかと思われるみたいですけど、謝ったからと

第4章 討　論

いって、今言いましたように法的責任は新たに発生することはない、それは心情的な問題にすぎません。そこで外交的解決の問題について、奥田さんに質問したいのですが、たぶん訴訟で個々の被害者が争うということは、国家間の外交的解決とは別に、自分の被害に対して、満足や賠償を含めて何らかの形で直接的な救済を求めるということにつながっていると思うのです。

　ところが、従来論じられた国家対国家の賠償の図式を、個人の救済という点から法的にどう評価するかということについて、日中の関係でいうと、賠償は請求しない、その代わりに政府開発援助を行うというきわめて外交的な解決を行った。実際はその後の外交関係で見ていくと、政府開発援助の取扱いにおいて、たとえば第2次大戦後、フィリピンやその他の国に払ったような賠償よりもはるかに大きいようなODAの資金を与えている。

　そうすると、そうした形で及んでいく利益、あるいは国の支払いは被害者から見ると間接的になるわけです。個人の賠償などそういう直接的な救済から得られるものと、間接的なものによって、その国民全体に間接的な形で賠償を払っていくという救済の間にはギャップがあって、個人から見れば非常に大きなしわ寄せが出てくる。そのしわ寄せがあるためになかなか満足が得られないのですが、奥田さんは、そういう間接的な救済というようなものをどう評価されて、法律問題に位置づけていかれるのか、それをお伺いしたい。

　奥田　ご質問ありがとうございました。戦争が終わりまして、その当事国間で平和条約を締結することの意味をどう考えるのかというのは、私は国際私法が専門ですから、むしろ小森さんのような国際法の専門家のほうが、正確に把握されていると思います。

グローバル化する戦後補償裁判

　ご存じのように、現在行われている裁判は、全体としての戦争の責任を問うているわけではありません。先ほど、私は、裁判官が日本の戦争を侵略戦争だと言ったところで、そんなに意味がないと申しましたが、これは歴史的に見て意味がないだけでなく、法律的に見てもあまり意味がないことだろうと思います。

　ちょっとテクニカルな話になりますが、今の裁判で争われているのは、全体としての戦争ではなくて、個々の戦闘行為のことです。たとえば、なぜ敗戦国だけが賠償を求められなければならないのだとよく言われますが、戦勝国も、違法な戦闘行為があれば、その責任を負わなければなりません。すなわち、戦争全体について、どちらが正しいか、間違っているかではなく、どちらの側にとっても、個々の戦闘行為が合法的であったかどうかが問題とされるわけです。個々の戦闘行為として、民間人を傷つけることは、明らかに許されないわけですから、その賠償は、戦争全体の責任とは別の問題だろうと思うのです。

　さてご質問の件、すなわちODAが事実上の賠償になっている否かは、私には分かりません。名目がどうなっているかということもあるでしょうし、それから当事者間、国家間でどういう話し合いが行われて、ODAがなされているのかは、よく把握しておりませんが、そういうODAが仮に賠償の意味をもっているとしても、個々の被害者への救済というのは、また別の問題であろうと考えております。

　たしかに、アジアの国々は、日本から賠償金を受け取ったのであるから、それを個々の被害者にきちんと支払うべきではないか、という問題はあります。これは韓国で今ちょうど議論になっているようです。韓国政府を訴えて、むしろその韓国政府から賠償を受け取

第4章 討　論

るというような話が出ております。したがって、明確に戦争の賠償として払ったものは、そうやって個々の被害者にきちんと分配すべきである、という議論が可能かもしれませんが、それではODAのような間接的なものを個々の被害者に賠償金として渡すべきかといえば、それは無理だろうと思います。そのようなことで答えになったでしょうか。古谷さんから補足をお願いします。

古谷　これは一般の人がよく混同することですけれども、奥田さんが言われたように、侵略戦争であるかどうかという、戦争そのものの性格とは全く無関係だろうと思います。仮に戦争が正しかったとしても、捕虜の虐待については問題になりうるわけで、その点ではこれを分ける必要があります。戦争に負けたことによる賠償、いわゆる戦時賠償の問題と、そうした交戦法規などの違反に関連する賠償の問題も分けて考える必要があります。

ただ、先ほどからの議論でもそうですが、謝罪をするかしないか、あるいは謝罪を受けるかどうか、それで満足するのかといった議論は事実の問題としては相当に錯綜していて、中国人や韓国人の実際に被害に遭われた方々が満足するのかという問題と、中国人全体あるいは韓国人全体が満足するのかという問題は、本来は別問題ですけれども、それをきわめてクリアには峻別し難いというところに難しさがあるのだろうと思います。

それからODAの問題で言いますと、先ほど私が少し述べました記録と記憶と救済という観点で考えますと、おそらく救済としては、それは間接的であるにしろ、ある一定の効果があったのだろうと思います。ODAによって経済発展が起こり、生活が全体として向上していれば、それはある意味での救済にはなっているのだろうと思

います。ただ、個人の記憶のレベルで言えば、全く救済になっていないということではないでしょうか。法がそのレベルにまで立ち入る必要があるのかという議論はありうるだろうと思いますが、少なくとも戦後ずっと発展をしてきている国際人権の考え方からすると、そこまで立ち入る必要があるという流れなのだろうと思います。それにどう対応するかということが問題ではないかと私は思います。

川島　1つだけ加えたいと思います。小森さんがおっしゃるように、日中平和友好条約、あるいはその前の日華条約は重要です。1952年の日華条約において、中華民国側が賠償請求権を放棄していて、1972年の日中共同声明で、中華人民共和国も賠償を放棄するということをやっているわけです。これが国家間においては、賠償問題が解決していることを示しています。

そして、ODAにつきましては、これは経済協力という位置付けが日中間ではなされています。無償資金、技術協力、円借款いずれにおいても経済協力だというふうに見られておりますので、日本側の内的論理においては賠償がかかわっていて、またそのODA自体が、もともと賠償から立ち上がってきたのは事実なんですが、日中間の書面に残っている範囲、あるいは対外的に言われる範囲においては、賠償の絡みは出てこないわけであります。この点は、ODAと賠償のリンクが明文化されている対東南アジア外交とは異なるのです。

ODAとこの戦後補償の問題の結び付きについては、当時の周恩来と日本側との間で合意があったかもしれません。これは、あのときの交渉過程でさまざまなやり取りがあったはずなのですが、たとえあったにしても、書面レベルではなされていないというのが実情

ではないでしょうか。当然のことながら中国の国民、今の政府もそういう認識を原則上有していないのではないかと思います。これはちょっと法律の話ではありませんが、以上です。

判決の傍論の意義

山口 それでは、次に2つ似た質問がありまして、中川明さんと寺谷さん、続けてご発言をお願いします。

中川 中川です。時間もあまりないようですので、簡単に申し上げます。私のは、質問というよりも、むしろ今日のお話を聞いての感想に近いものです。

今日皆さんからもご指摘があったように、最終的には、日本の戦後責任を立法的に解決するよりほかないということについては、意見が一致しているのではないか。問題は、その中で今日の主題である、裁判、司法がどういう役割を果たすのか、どこまでの役割が果たせるのかということだろうと思います。そういう観点から多少私なりに感じたところを述べます。

まず高崎さんもおっしゃったように、1つ1つの裁判を積み重ねていくことが大事ですけれども、その中で1つ1つの事件の個別性に着目して、劉連仁の判決ではありませんが、今の日本のかなり狭い司法の解釈枠の中でも、救済せざるをえないような法理を引き出していくという努力をして、司法的な解決の道をぎりぎりまで広げていくという努力をする必要があります。と同時に、やはり最後は、傍論であれ、裁判所に立法的な解決の必要性を言わせることが大事ではないかと思います。

グローバル化する戦後補償裁判

　もちろん、裁判はそれを目的にしてやるわけではありませんし、奥田さんも指摘するように、裁判所が立法的な解決の必要性を言ったか言わないかで、この判決が良い判決であるか、悪い判決であるかというようなことを言うのはおかしいと思いますが、現在の日本の立法・司法・行政を含めたトータルな構造の中では、司法がぎりぎりまで努力をしたけれども、この問題を最終的に解決するには、立法による必要があるということを判決の中で一言いわせるというか、判決が言ったということの意味は、やはり軽視できないと思います。

　2つだけ例を挙げます。ご存じのとおり台湾人元日本兵の補償問題では、東京高裁が立法による救済の必要性を指摘したことが、国会によって補償の必要性を考えさせる原動力になり、それによって議員も動いて補償立法ができたということが1つです。

　それからもう1つ、ちょっとこれは例が違いますが、少年事件において、身柄を拘束された少年について後ほど非行事実がないことが分かった場合に補償は認められていなかったのですが、最高裁の第3小法廷が補償の必要があると補足意見の中で述べたことが、少年補償法をつくらせる直接の原因となったことがあります。私はちょうどそのときに、日弁連の子どもの権利委員会にいて、法務省、最高裁、日弁連も交えた協議、立法の経緯をつぶさに見ていたので、補足意見とはいえ裁判所の指摘が現実に大きな影響を与えたことを痛感しました。

　やはり台湾人にしても、それから少年にしても直接的には国会議員にとっては票につながらないわけです。そういう人たちに対して、立法により補償する必要があるとして国会を動かすのは、今の日本の政治構造の中では裁判所しかなく、裁判所の一言が持つ意味とい

第 4 章 討　論

うのは大きいのではないか。もちろん、裁判所がそこまで言うのであれば、もう一歩踏み込んでという奥田さんの思いも分からないわけではないし、理論的には裁判所が立法的な解決の必要性を言うことについては、司法のあり方としていろいろ意見はあるでしょう。けれども、その一言が持つ意味は、時には大きいということを確認してよいのではないかと思いましたので、一言申し上げました。

　山口　　寺谷さん、お願いします。

　寺谷　　私も国際法を教えている寺谷と申します。質問は、むしろ一プラグマティストの視点からです。すでに討論で明らかになりつつあることですが、改めてお尋ねします。

　奥田さんのお話の中で、裁判機能の意味と限界について問うべきだとおっしゃっている点に関して、従来の裁判の判決の結論部分だけ取り出してどうこういうのがおかしいというのも納得しますし、あと不当な形で歴史認識に関する問題を訴状に入れることがかえって問題を複雑にするので良くないだろうということも分かります。

　ただ、裁判の問題から、立法が必要だとかあるいは立法を決断するのかという問題になっていくときに、少なくとも2つのさらなる論点が生ずるかと思います。1つは、立法するといっても、いろいろな立法の仕方があるわけで、どのような立法が可能であるか、そして、可能な選択肢のうちどういう立法がより望ましいかということを問題にでき、1つにはこの点をお聞きしたく思います。

　もう1つは、訴状なり判決文の中に、不当な形での歴史認識に関する記述を入れるべきではないということを認めたうえで、では、正当な形で歴史認識を入れることというのは可能であろうか、と。といいますのは、運動論としてみたときに重要になると思うのです

が、最終的に立法ということを念頭におくなら、何らかの「正しい」歴史的事実を訴状に入れておいて、それを１つの足がかりとすることは、やはり有力な方法のようにも思われるからです。何かしら純粋な法律外のことを訴状に含ませる余地が、そもそもないのだろうかということを、立法の重要性という点に関係しますのでお聞きしたいと思います。

　奥田　お２人のご質問ありがとうございました。これはやはり順番に取り上げたいと思います。中川さんが指摘されたことは、私も否定しません。裁判所が立法の必要性を指摘したことが、現実に立法につながることもある、という点です。

　ただ、２点申し上げたいと思います。中川さんがおっしゃった「ぎりぎりまでの努力」ということを、現在の戦後補償裁判の裁判官たちはやっているのだろうか、私はこれを疑っております。判決内容が全くステレオタイプ化しており、とてもぎりぎりまでの努力をしたとは思えないわけです。その細かいところは、テクニカルな面に入りますので申し上げませんが、私が意見書や論文で書いたような問題にきちんと答えていない。

　そういうぎりぎりまでの努力をしないで、結局、国家無答責だから全く責任がない。つまり、国家無答責というもので非常に簡単に切ってしまっている点が問題なのです。その国家無答責の法理をもっとぎりぎりまで努力して、解釈してほしい。非常に表面的な、教科書的な通説・判例だけで切ってしまっている、そういうことをしておきながら、他方で立法的解決が必要だというのでは、やはりおかしいだろう。つまり、政府や国会に対して、これは非常に微妙な問題である、限界事例であると認識させるような議論を展開した

第4章 討　論

うえで、立法的解決が必要ですよと言えば、政府や国会だって動くと思うのですが、そういう努力もしないで、「原告の主張は全然だめですよ、だけど国会は動いてください」、これでは動かないだろうと思います。

　それから、「台湾人の補償の問題」とおっしゃったのは、恩給法や援護法などに国籍条項があり、日本国籍がないから恩給などを受けることができない、という問題だと思いますが、これについては、たしかに、東京高裁が立法の必要性を指摘して、そのあと見舞金（弔慰金）を支払うという法律ができております。しかし、あれも法的な請求権を認めたのではなく、ただ恩恵的に見舞金として金銭を支払うという形をとっております。これでは、アジア女性基金の場合と同様に、最終的な問題解決にはならないと思います。

　さらに申し上げれば、裁判で立法の必要性を指摘することは、やはり歯車の1つではないかという気がしています。裁判所が言ったというだけで動いたわけではないのだろう。すなわち、その当時の外交的状況や国内世論の盛り上がりなど、いろいろな要素があって動くのだろうと思います。少年事件については、私は専門外ですから知りませんが、やはり裁判所が言ったというだけで動いたわけではないだろう。もちろん中川さんも、そういう意味を含めておっしゃったのだと思います。

　要するに、私が申し上げたいのは、裁判所が立法の必要性を言うにしても、あまり言い過ぎるのは問題ではないか、それからもっと努力をしてから言ってください、こういうことでありますから、基本的には中川さんがおっしゃったこととあまり変わりがないと思います。

　次に寺谷さんのご質問ですが、戦後補償立法をするとしたら、ど

117

ういう内容のものが妥当なのだろうか。「いろいろな立法の仕方がある」と言われましたが、私はそれらをすべて把握しているわけではありません。ドイツの基金のようなものを考えている人もいるでしょうし、それから野党が元慰安婦について共同提案をしたようなものもございます。私は、戦後補償立法について、これが良いというようなことはとくに考えていませんが、仮にドイツの基金のようなものを作るとしたら、ポイントは幾つかあるだろうと思います。

　1つは、どの範囲の人までをその対象にするかです。私が報告の中で申し上げたのは、結局、強制連行・強制労働や慰安婦の場合は、戦前の法にもとづいても国家無答責の適用はないのではないか、つまり、きわめてグレーである、ということです。それでは、強制連行の被害者と元慰安婦の人たちだけを救済することで、話がまとまるかといえば、私は自信がありません。戦後補償裁判と呼ばれるものは多種多様であり、南京事件や731部隊の人体実験の被害者などもいるので、一部の人だけを救済する、ということで納得していただけるのかは、自信がありません。

　それからもう1つは、金額の問題です。やはり1人がいくら取れるかではなく、日本政府が全体でいくら払えるか。これが現実問題として重要なポイントだろうと思います。1人1人がどれだけ受け取れるのかは、目をつむらざるをえないのではないか。これがドイツとオーストリアの例を見て感じたことです。それから最後には、基金の対象になった人たちが、今後は裁判ができないこと。この3点が、ドイツ・オーストリア型をとった場合のポイントだろうと思っております。

　もう1つのご質問は、歴史認識の取扱いです。そもそも歴史認識について、正しいとか、間違いと言えるのかは、私には分かりませ

第4章 討　論

んので、あとで川島さんに補足していただくことにして、歴史認識と言いましても、具体的に戦後補償裁判で問題となっているのは、結局、先の戦争が日本の侵略戦争であったかどうかという点です。この点をあまり強調しすぎるは良くないと言いましたのは、1つには焦点がぼけるだろうと思ったからです。戦争全体の責任を問うているわけではなく、裁判はあくまでも個々の戦闘行為を取り扱っているのだという、その焦点がぼけてしまうことが心配です。

　たしかに、個々の戦闘行為を問題にするにしても、事件の背景として、どういう性質の戦争であったのかという問題は起きると思います。これは私も否定しません。ただ、現状は、あまりにも背景だけが大きく取り上げられているのではないか。それは、高崎さんなど弁護団としては、それなりの理由があるとおっしゃるかもしれませんが、私のような法律の研究者から見ると、背景ばかりが大きすぎて肝心の主演の俳優さんがかすんでしまっているという印象を持っております。それはマスコミの取り上げ方にも問題があるのでしょう。こういうことでございます。

まとめのコメント

　山口　　時間もだいぶ過ぎましたので、お1人2分程度ずつでまとめの言葉をいただいて、終わりにしたいと思います。では、ケントさんから。

　ケント　　先ほどのコメントと少し重なりますが、補足したいことがあります。戦後補償の解決方法として、裁判か立法かという問題がありますが、裁判の良い点の1つは、被害者が積極的に参加で

119

きるということです。立法だったら、やはり結局は、国内の政治の問題ですから、被害者にとって、どのような内容になるのか、不安があるかもしれません。だから、本当に立法的解決を望むのであれば、まず国家間レベルでの合意が必要であり、それにもとづいて立法をするのであれば、最終的な解決ができると思っています。以上です。

奥田 私は、今日たくさん発言をさせていただいたので、最後にまとめとして、少し異なった観点から申し上げます。私は、実は3年ほど前に中国戦後補償弁護団の依頼を受け、実際に裁判にかかわり、そして、たくさんの意見書を書いたり、証人として出廷したりもしました。3年間は非常に貴重な体験をさせていただいたと思っています。

ただ、このような裁判では、たとえば国際私法なども非常に重要な争点だと思うのですが、それを研究している人は非常に少ないのが現状です。それは他の法律分野でも同じだと思います。法律の学界でこの問題が非常にマイナーな分野とされ、研究者があまり取り上げないのは、なぜなのだろうか。

たしかに、なかなか出口が見えてこないといいますか、学問的に取り扱いづらいという問題があると思うのですが、さらに最初から学問的な問題ではないと決めつけたり、地道に資料を収集して研究する問題ではないという思い込みもあるのではないか、という気がいたします。しかし、今日は、3人の報告者がそれぞれの専門の立場から、手堅い資料調査にもとづきながら、かつプラクティカルな解決を目指した報告を行ったと自負しておりますし、コメンテーターやフロアの皆さんからも、建設的なご意見が多数出たように思います。

第4章 討　論

　今日はこういう企画をして下さった山口さんに感謝しますし、またフロアの皆さんや、それから他の報告者の方々から、いろいろな観点の話を聞いて、私自身、非常に手応えを感じました。以上です。ありがとうございました。

　古谷　私も今奥田さんが言われたように、戦後補償そのものについてはあまり詳しくなかったのですが、こういう機会でいろいろ勉強をさせていただいてよかったと思います。先ほどから申し上げているとおり、この問題は第2次世界大戦だけの問題ではなくて、その後も世界各地で起きている問題なわけです。そのことをわれわれは認識した上で考えていかなければならないと思います。

　私はICCの問題をお話しましたけれども、日本人はこの問題についても消極的でして、それはわれわれが戦争に付随して起こってくるこうした犯罪や悲劇に対して、無関心であるということなのだろうと思います。50年前のことについてだけではなく、現在起こっている同種の問題にもやはり関心が必ずしも高くないわけです。

　非常に身近なお話をしますと、たとえば先月アメリカで元捕虜による賠償請求の訴訟が提起され、1兆ドルという請求が出されました。この額は、単純に言うと100兆円です。100兆円ということは、日本人口の1人当たりでいうと約100万円の請求をされているということです。1人当たり100万円を請求されていると考えれば、すごく身近な気持ちになってきます。これはきわめて単純な考え方ではありますが、いずれにせよ、国が請求されているのだろうとか、国の責任が問われているのだろうというレベルでは、仮に金銭的な満足が得られたとしても、それでは中国・韓国の方々が満足できないのは当然であろうと思います。少なくとも、払うか払わないか、

グローバル化する戦後補償裁判

払うことが正当なのかどうかということを考える点で、われわれは真剣でならなければいけないと思います。

その点では、私たち自身が、先ほど山口さんが言われたように、戦後生まれのわれわれがどこまで責任を負うのかという議論はあるにしても、もう少し身近な問題として考えていく必要があるように感じます。

高崎　私の方もまとめとして、最初にちょっと時間がないために整理しないまま言いましたけれども、川島さんが言われた、司法の場、政治の場、運動、この3つの視点というのは非常に大事ですし、私たちが個別の裁判をやるうえでも、この視点をいつも念頭に置いています。

現実に北海道訴訟は、今年の6月から10月まで6人の原告、中国人の人たちをお呼びして直接裁判官に生の事実を聞いていただいた。そういう中でやはり生の事実が持つ重さ、これは非常に大事であるということを再確認しました。

司法の限界という言葉が再三出されておりました。確かにそうでありまして、1人1人の被害者に対する行動が違法であるかどうかという個別性があります。被害者の方々は、日本の政府、企業に対して謝罪を求め、2,000万円の損害賠償請求をしております。原告の人たちに対しての判決というかたちでは限界があると思います。しかし、私たちはその生の事実を多くの人たちに知らせることによって、単に記憶というだけではなく、生の事実の持つ意味は重く、それが大きな世論や国民の運動のエネルギーになるというふうに確信しております。と同時にまた、裁判所が判断するうえで、国民の世論というものを非常に考えることがあります。当然、理論的な整

第 4 章 討　論

合性、理論的な根拠を前提にではありますが、最終的な要素として国民的な世論という問題があります。そういう意味での生の事実、これは非常に大きなものがあると思います。

　それから1つ1つの判決が立法府を動かしていく、行政府を動かしていくということはたくさんありました。先ほどフロアの方々からも出されていましたとおり、あるいはもっと身近で言えば、たとえばサラ金被害者の救済のなかでサラ金規制法ができた、環境運動のなかで環境整備法ができた等々の問題がたくさんあります。

　それから、私が取り組んでいる原爆訴訟でも、15年間闘った長崎の松谷訴訟で厚生省の認定基準は機械的すぎるからだめだという最高裁の判決のもとで、厚生労働省はその認定を見直すという動きをしています。そのように裁判が立法、行政を動かすということも事実であります。しかし、それもまた国民的な運動、国民世論という要素を抜きにはなかなか動かないという政治の問題もあると思います。そういう意味で私どもは、この最初に言った3つの視点を前提にしながら、やはりこの中国人強制連行という1つの歴史的な事実に対する国の責任、企業の責任を司法の場で明らかにしていく、この意味は非常に大きなものがあるのではないかと考えています。

　そういう意味で原点に立ち返って今日の議論を、また私たちの訴訟活動のエネルギーにしながら進めていきたいというふうに思っております。ありがとうございました。

川島　　今日、参加させていただいて、私はむしろ司法の可能性の方を十分に感じることができたというように思っています。最後に歴史学の観点から1つだけ申し述べたいと思います。先ほど奥田さんの方から法学者の話が出ましたが、実は歴史学者もまた戦争の

グローバル化する戦後補償裁判

問題を避けてきたということがございます。とくに戦後歴史学の50数年間、軍事史の問題、あるいは戦時中の諸問題について史料をきっちりと発掘して、実証的に研究してくることについては、この時期の歴史の重要性から見れば、はるかに関心や具体的労力が薄いといいますか、ウエートが低い状態に置かれてきているわけです。

またさらに、1995年の村山首相のときに打ち出された、平和友好交流事業の1つにアジア歴史資料センターという構想があったのですが、それもまたある意味で大変難しい状態におかれてきたといいますか、受け皿が定まらない状態がようやく今頃になって収まりつつあるという状態です。歴史研究者としてもこの問題を含めて、戦争の問題にそろそろきちんと向かわねばならないし、まだ発掘されないでおかれている史料が膨大にあることをきちんと発信し、また日中関係にかかわるものとしては、日本にあるさまざまな情報を中国にきちんと伝える、あるいは中国側のリアクションを日本側に伝えるということもやっていくべきだろうということを今日切実に感じました。以上です。

山口　最後に私から一言。私は、やはり今の政治状況の中で、ナショナリズムの問題にどう対処していくか、それから日本の国家としての過去の罪をどうやってつぐなうかという問題に関心を持っているわけですが、このところやはり非常に雑な感情論が表にどんどん出てきまして、小泉首相は、そのような感情論の一番の塊とも言うべき人なのですが、そういう動きに対して、やっぱり法的な枠組みをどうやってきちんと対置していくのかということを、私なりに課題としており、今日はいろいろなヒントを教えていただいた、というふうに思います。

〈編者紹介〉

奥田安弘（おくだ やすひろ）

1953年生まれ。神戸大学卒。現在、北海道大学教授。
1998年から3年間、南京事件など一連の中国戦後補償裁判において、意見書を提出し、国際私法の専門家として証言を行った。関連の著書として、『共同研究 中国戦後補償—歴史・法・裁判』（川島真ほかとの共著、明石書店）がある。

山口二郎（やまぐち じろう）

1958年生まれ。東京大学卒。現在、北海道大学教授。
村山政権時代、首相の私的アドバイザーとして戦後補償、戦後50周年事業に関する建議を行う。関連の論文として、「日本政治の再編成と東アジア規範秩序の創造」（大沼保昭編『東亜の構想』筑摩書房、所収）がある。

グローバル化する戦後補償裁判

2002年（平成14年）9月28日 第1版第1刷発行
3110-0101

編 者	奥　田　安　弘
	山　口　二　郎
発行者	今　井　　　貴
編集所	信山社出版株式会社

〒113-0033 東京都文京区本郷6-2-9-102
電　話 03（3818）1019
ＦＡＸ 03（3818）0344

発行所　　株式会社 信山社

Printed in Japan

©奥田安弘・山口二郎、2002. 印刷・製本／松澤印刷
ISBN4-7972-3110-6 C3332
NDC分類 323.961
3110＝012-0100-050

中国乗用車企業の成長戦略	陳　晋著	八〇〇〇円
現代中国の自動車産業	李春利著	五〇〇〇円
戦後日本の産業発展構造	張紀南著	五〇〇〇円
北朝鮮経済論	梁文秀著	六〇〇〇円
近代朝鮮における植民地地主制と農民運動	李圭洙著	一二〇〇〇円
米ソの朝鮮占領政策と南北分断体制の形成過程	李圭泰著	一二〇〇〇円
アメリカの中小企業政策	寺岡寛著	四八〇〇円

信山社

米国統一商事法典リース規定	伊藤進・新美育文編	五〇〇〇円
国際私法年報二〇〇〇	国際私法学会編	三〇〇〇円
国際商事仲裁法の研究	高桑　昭著	一二〇〇〇円
国際訴訟競合	古田啓昌著	六〇〇〇円
金融論	吉尾匡三著	五九八〇円
消費税法の研究	湖東京二著	一〇〇〇〇円
国際的企業課税法の研究	占部裕典著	九八〇〇円

― 信 山 社 ―

——— 法律学の森 ———

債権総論	潮見佳男著	五六三一円
債権総論[第2版]I	潮見佳男著	続 刊
債権総論[第2版]II 債権保全・回収・保証・帰属変更	潮見佳男著	四八〇〇円
契約各論II 総論・財産移転型契約・信用供与型契約	潮見佳男著	四二〇〇円
不法行為法	潮見佳男著	四七〇〇円
不当利得法	藤原正則著	四五〇〇円
イギリス労働法	小宮文人著	三八〇〇円

——— 信山社 ———